デザイン思考の実践
―イノベーションのトリガー、
それを阻む3つの"緊張感"―

[著] David Dunne

[訳] 菊池一夫　成田景堯　大下　剛
　　 町田一兵　庄司真人　酒井　理

Design Thinking at Work
How Innovative Organizations Are Embracing Design

同友館

Design Thinking at Work:
How Innovative Organizations Are Embracing Design by David Dunne
© University of Toronto Press 2018
Original edition published by University of Toronto Press, Toronto, Canada.
Japanese translation rights arranged with
University of Toronto Press, Canada
through Tuttle-Mori Agency, Inc., Tokyo

謝　辞

　私が本書のためにインタビューをした人たちは、組織におけるデザイン思考の評価において、正直で、現実的で、そして非常に楽観的であった。本書の紙面の都合上、すべてのお名前を挙げるわけにはいかないが、インタビューをした人達の貢献によって、私がアイデアを生み出すのを手助けしてくれてとてもありがたかった。私は、アルバータ・コラボのアレックス・ライアン、バーブ・コロル、メイ・ハンとワイン・クロスビィに深く感謝している。ミネソタ大学デザイン学部のジェス・ロバーツ、元オーストラリア国税局のジョン・ボディ、ブリジブル社のクリス・ファーガソン、カナディアンタイヤ社のブランドン・リデル、コミュニテック社のクレイグ・ヘイニーとクリス・プランケット、DesignIt のフィリップ・ルーベルとマイケル・ホールストラップ、ドシェ・クリエイティブ社のロナ・チソルム、IDEO のマシュー・チャウ、デビッド・エイキャン、デブ・デブリース、IDEO CoLab のジョー・ガーバーとダン・エリッツァー、マニュライフのザビエル・デバネとロッキー・ジャイナ、マインドラボのクリスチャン・バソン、ジェイコブ・スクジョーリング、およびトーマス・プレーン、P&G 社のホリー・オードリスコルとシンディ・トリップ、ロットマンのマーク・レオンとミーニャ・ガレティアヌ、ジュディ・メレット、チェルシー・オメル、マーカス・グルップ、パトリック・バッハ、そして TELUS 社のサービスデザイン・チーム、トムソン・ロイター社のブライアン・ズベルト、TU デルフトのフリード・スマルダース、ブリティッシュコロンビア大学のアンナ・キンドラー、ファイザー社のウェンディ・メイヤー、そして匿名希望の方たちにも謝意を示したい。そしてティム・ブラウン、ジェーン・フルトン・スリ、ジム・ハケット、デビッド・ケール、ラリー・ケーリイ、ビジェイ・クマー、ロジャー・マーティン、ホイットニー・モーティマー、ドナルド・ノーマン、モウラ・クエール、ディエゴ・ロドリゲスやパトリック・ウィトレイなどの専門家との初期のインタビューを通じて、私はデザインの特質とその応用

謝 辞

を理解することができた。特に、私にデザイン思考を研究するように導いてくれたロジャー・マーティンとパトリック・ウィットニーに感謝している。

　サイモン・ダンとキャロル・アン・コルネーヤは初期の草稿をレビューし、2名の匿名のレビューアーと同様に非常に有用なコメントを提供してくれた。パトリック・ホーとドシェ社のチームは、カバーデザインについて素晴らしい仕事をしてくれた。最後に、私はビクトリア大学のブラッド・ブイエの研究支援といくつかの草案についての彼の洞察に満ちたコメントに感謝したい。また、トロント大学出版社の社会科学蔵書部門の担当マネージャーであるジェニファー・ディデメニコは、非常に明快で有益な提案をしてくれてとても頼りになった。

日本語版への序文

　世界は挑戦的な課題に満ちている。日本政府によると、「日本をはじめ世界の国にとって、将来直面する問題を疑いなく解決するのはイノベーションであろう[1]」とされる。私たちはこれまで以上にイノベーションを必要としており、デザイン思考は道を切り開くのに役立ちうるといえる。

　日本はイノベーションにおいて予想以上に成功を収めている。2018年の2thinknowの年次Innovation Cities TM インデックスで、東京は世界で最もイノベーティブな都市としてランキングのトップになった[2]。フォーブスによると、キーエンス、オリエンタルランドや日本電産などの日本の組織は、世界で最もイノベーティブな企業として挙げられる[3]。

　日本のデザインにおいてもうらやむほどの実績がある。三宅一生氏、イサム・ノグチ氏や坂口博信氏といった日本の伝説的なデザイナーは、優れたデザインの強力な力を世界に示している。同様に、日本は日本の社会やビジネスにおけるデザインの役割について、時間をかけて観察し理解してきた西洋人にも深く影響を与えてきた。

　そのような人物の1人が、Apple社の創設者兼CEOのスティーブ・ジョブズであった。ジョブズは禅の影響を強く受けていたため、余計な装飾を加えることなくそれらを取り除いて、本質的な要素に至るデザインを開発したいと考えた。

　もう1人は、P&G社の元CEOであるA.G.ラフリーであった。彼は、アジアでの初期のキャリアの8年間を日本で開始した。ラフリーは、日本人デザイ

1　https://www.japan.go.jp/technology/innovation/.　2019年6月14日アクセス。

2　https://www.innovation-cities.com/innovation-cities-index-2018-global/13935/.
　2019年6月14日アクセス。

3　https://www.forbes.com/innovative-companies/#6d3d4ba51d65.　2019年6月
　14日アクセス。

iii

日本語版への序文

ナーの日常生活の経験に対する深い認識と、この経験の細部に至るまで考慮に入れる彼らの能力に衝撃を受けた。彼は母国の米国に戻ったとき、主要な消費財企業で最初のデザイン・プログラムの1つを確立した。

それでも、優れたデザインはApple社やP&G社のような企業に競争上の優位性を与えることができ、かつデザイナーによるイノベーションへのアプローチはより基本的な教訓を示してくれる。ユーザー経験に焦点を当て、問題をリフレームし、解決方法を繰り返し探索することにより、デザイン思考は、ビジネスおよび社会における挑戦課題に取り組むための新しい方法を提供する。ビジネスのイノベーションに加えて、気候変動、居住地の破壊、貧困、教育などの大きな問題は、わたしたちの生活に大きな影響を及ぼし、従来の伝統的な解決方法では太刀打ちできない。デザイン思考を通じて、わたしたちはこれらの問題を考察するための新鮮で体系的で厳密な方法を獲得することができる。

本書のストーリーについては、デザイン思考は説得力があるけれども、大規模な組織に定着させることは必ずしも容易ではないことを示している。それでも、明確な目標、トップからの強力なサポート、粘り強さ、そして情熱をもって、世界中の組織はそれが可能であることを示している。イノベーティブな組織に受け入れられて、デザイン思考は成長しているのである。

最後に、私の原稿の翻訳に尽力してくれた日本の同僚である菊池一夫教授（明治大学）、酒井理教授（法政大学）、庄司真人教授（高千穂大学）、町田一兵准教授（明治大学）、成田景堯准教授（松山大学）および大下剛助手（明治大学）に感謝したい。

デヴィッド・ダン

ビクトリア大学

2019年6月

謝辞　i
日本語版への序文　iii

PART 1　組織におけるデザイン志向の枠組み（フレームワーク）

第1章　デザイナーのように思考する ── 3
- デザインはどのようにオランダ人を渇望させるか　3
- デザイン … そしてデザイン思考　9
- デザイン思考についてのより深い考察　12
- デザイン思考のインパクト：やっかいな問題　26
- 組織におけるデザイン思考　30

第2章　デザイン思考の採用 ── 35
- デザイン・ジャーニー　35
- デザイナー及びデザイン思考の理念の「流行」　38
- デザイン思考における4つの事例研究　41
- 組織がデザイン思考を実行する理由　53
- 組織におけるデザイン思考の3つの緊張感　59

PART 2　3つの緊張感

第3章　デザイン思考家と組織の距離から生じる緊張感 ── 67
- 言葉の重要性　67
- 違いを考えよう　69
- なぜデザイン思考家と組織の距離から生じる緊張感は発生するのか　73
- デザイン思考家と組織の距離から生じる緊張感のインパクト　77
- デザイン思考家と組織の距離から生じる緊張感のマネジメント　80
- デザイン思考家と組織の距離から生じる緊張感のリフレーミング　84

目　次

第4章　破壊的イノベーションの実行にあたって生じる緊張感 ── 93

ウーバー化　93

ウーバー化に伴う不満　95

なぜ破壊的イノベーションの実行にあたって生じる緊張感は発生するのか？　97

破壊的イノベーションの実行にあたって生じる緊張感のインパクト　104

破壊的イノベーションの実行にあたって生じる緊張感のマネジメント　107

破壊的イノベーションの実行にあたって生じる緊張感のリフレーミング　112

第5章　視野の違いによって生じる緊張感 ──────────── 121

アウトサイドインの視点　121

ユーザー中心的であることの何がそんなに悪いのであろうか　123

なぜ視野の違いによって生じる緊張感は発生するのか　126

視野の違いによって生じる緊張感のインパクト　131

視野の違いによって生じる緊張感のマネジメント　133

視野の違いによって生じる緊張感のリフレーミング　138

PART 3　組織のためのデザイン思考のリフレーミング

第6章　デザイン思考のリフレーミング ──────────── 153

豪華客船と小型ボート　153

リフレーミング1．デザイン思考のマインドセット：
脱却・生成・プロトタイプ　157

リフレーミング2．技術的、協働的プラットフォームとしての
デザイン思考　164

リフレーミング3：より大きなシステム内でのデザイン思考　168

第7章　どこからはじめるか：デザイン思考プログラムの構築 ── 179

戦略的意思決定　180

実践的意思決定　184

選択、パラドックス、緊張　194

訳者あとがき　本書との出会い　197

索引　202

PART 1

組織における
デザイン思考の枠組み
（フレームワーク）

第1章

デザイナーのように思考する

デザインはどのようにオランダ人を渇望させるか

　デルフトは、ロッテルダムとハーグのほぼ中間に位置する趣のあるオランダの都市である。その町は「小さなアムステルダム」と呼ばれることもあるが、運河、教会、狭い通りといった風景をみると、過去にさかのぼるような感覚におちいる（図1.1）。1600年代にヨハネス・フェルメールは彼の不朽の名作「デルフトの眺望（View of Delft）」を描いたために、その頃と変わっていないと考えてしまうかもしれない。

　時折、その街が魅力的に思えなくなることもある。冬には嵐が北海の沿岸を襲い、強い風や強い雨をもたらすことで、住民の忍耐力を試すことになる。同時に傘の耐久性を試す場にもなる。

　2004年3月の1週間で、ゲルウィン・ホーヘンドールンは3つの傘を強風で壊して失った。彼はデルフト工科大学（TUデルフト）のインダストリアルデザインを専攻しており、この経験に不満を感じたため、3,400年もの間、本質的に変わっていなかった傘の改良に着手した。傘の改良を重ねた結果によって完成したものがSenz（センズ）傘であった。その傘は、強い雨のために不幸なオランダの歩行者に起こるどんな天候上の問題にでも耐えられるように設計された嵐用の傘であった。

　ホーヘンドールンは傘についてのありとあらゆることを調べた。すなわち、傘を裏返しにしてみたり、視界を妨ぎったり、人々の目を突いた場合についても調べてみた。傘は十分に機能を発揮できない退屈なほど単純で実用性一本やりの製品であった。実際、とても単純に見えたために、ホーヘンドールンは、結果として成功した製品を制作している時であっても、仲間のデザイン専攻の

PART 1　組織におけるデザイン思考の枠組み（フレームワーク）

学生であるジェラード・クールとフィリップ・ヘスの嘲笑に耐えなければならなかった。

　彼の初期のアイデアは、雨をはじくために強力な磁場を発生させたり、ユー

図1.1　デルフトの景色（実際の景色と「デルフトの眺望」）

出典：（左）Art Anderson, "Delft from the Feniks," Wikimedia Commons, CC BY-SA 3.0
　　　（右）Mauritshuis, The Hague. Photography: Margareta Svensson

図1.2　ホーヘンドールンの取り組みと「センズ傘」

出典：www.senz.com／制作：VLAプロダクション／クライアント：Industrial Design Engineering、TU Delft

ザーの頭に取り付けられたヘリコプターのような装置を含んでいた。しかし、結局、彼は傘の空気力学に焦点をおいた。彼は空気力学の背景知識を持たずに、この分野の知見を有する専門家のいる大学に連絡して助けを求めた。プロトタイプを制作するために、彼は数本の傘を買って、バラバラにしてそれらを再構成した。彼は自分の考えを、コンピューターシミュレーションや空気の流れを人工的に調節する風洞実験装置を用いて（あたかもオランダの豪雨の中で）'使用'テストを行い、試してみた。

　クールとヘスは今ではそのアイデアが真当なものだと認め始め、そして彼らとともに、ホーヘンドールンは2005年にセンズ社を設立した。最初のセンズ傘は2006年11月に発売された。その独創的で風変わりなデザインは大衆の想像力を掻き立て魅了し、初期生産在庫の傘10,000本を9日間で完売した。最初の年に、センズ社はほぼすべての主要なデザイン賞を受賞し、そして2007年に世界に進出したのであった。

　ホーヘンドールンのデザインスクール、TUデルフト（デルフト工科大学）は、デザインの世界で尊敬される機関である。数年前、私は研究休暇を取ってそこに滞在した。その間に私は複数回、オランダの雨を経験した。トロントのロットマン・スクール・オブ・マネジメントの前マーケティングエグゼクティブ兼マーケティング教授として、私は何年もの間「デザイン思考」を探求していた。私はデザインとデザイン思考について私ができることのすべてを知りたかった。とにかくデザイン思考とは何か、それは他の種類の思考とどのように違うのか。それはビジネスや公共部門で実践されたときに何が起こったのかを知りたかった。

　そこで私は、デザイン思考の探究を行う最善の方法はデザインの世界に身を投じることであると感じた。そのためデザイナーと付き合いをもった。またデザインとデザイン理論の書物を精読し研究した。私はデザイナーと一緒にプロジェクトに取り組んだ。そしてデザイナー、デザインの教育者、そして組織のデザイン思考家と話をした。またデザイナーに経営戦略を教え、エグゼクティブにデザイン思考を教えた。デザインを思索する旅は、デルフトだけでなく世界中の多くの場所へと私を誘ったのであった。

PART 1　組織におけるデザイン思考の枠組み（フレームワーク）

デザイナーは世界を独自の興味深い方法で見ていることが分かった。そして、創造性だけではなく、好奇心、厳格さ、そして原理もデザイナーが身につけていることが分かった。私はいくつかの答えを見つけては、さらに多くの質問をして思索を深めていった。

ホーヘンドールンのようなデザイナーにとって、デザイン思考とは何だったのであろうか？一見したところ、彼のデザインの考え方はかなり単純に思える。すなわち、「良いデザインは、ユーザーの期待を超えるオブジェクトまたはサービスだと思います」と彼はプロモーション・ビデオで述べている[1]。

だが、ユーザーが何を期待しているのか、理解するための良い方法をもっていたとしても、どの問題に取り組むべきかを、どうすればわかるのだろうか。薄っぺらな傘は、私たちを悩ませている日常的な問題のほんの1つにすぎない。私たちはそれらを当たり前のことと考え、それらについてあまり考えず、それらを解決することには考えを巡らせない。ホーヘンドールンが天才といわれる所以は、問題を解決するのと同様に問題を選択することにあった。

その問題に取り組むことを決めた後で、彼は前後のプロセスを行ったり来たりして、いくつかのモノを描き、ラフなモデルを構築し、それらをテストし、問題を再定義し、ばかげたアイデアからより実用的なアイデアに移り、そして事態が進むにつれて学習した。彼のアプローチは好奇心に駆り立てられ、探索的なものだった。

消費財メーカーにとって、ホーヘンドールンが見せたような、日常のなかで斬新なアイデアを見出すことができる力はワクワクするものであるが、おそらく多少の混乱も生じさせるかもしれない。ホーヘンドールンは、大手の傘の流通業者のインプリヴァ社に話を持ち掛けるが、相手にされず自身のプロジェクトへの投資を却下された。デザイナーは企業が見れていない可能性を見出すことができるのである。

多くの組織は、デザインの「秘密のおもしろさ」とは何か、そしてそれが自身の問題に適用できるかどうかを心にとどめている。デザイン思考は、この質問への答えとして喧伝されており、問題解決者がもつレパートリーの中で周辺

6

的な活動から中心的な武器へと成長した。大勢のコンサルタントやマネジメントの達人は今、組織の革新という問題に対する待望の答えとしてデザイン思考を促進している。

しかし、上記のデザイン思考の導入はそれほどシンプルではない。

今日までの私はキャリアの大部分を大規模な組織の中で費やしてきた。私にとってデザイン思考はエキサイティングなことである。そして今でも私はデザイン思考に情熱を注いでいる。だが、デザイン思考を大規模組織に適用するのは容易なことではない。私がデザイン思考を探求している際に、大規模な組織でデザイン思考を機能させようとするのと同じように情熱的な現場に私は遭遇した。デザイン思考は問題を考察するためのこれまでとは異なった方法であり、組織の一般的な文化とアプローチに難題をつきつけることになる。

図1.3　本書のロードマップ

| PART 1 組織における デザイン思考の枠組み（フレームワーク） | **第1章　デザイナーのように思考する**
デザイン思考とは何か。
何がおもしろいのか。 |
| | **第2章　デザイン思考の採用**
デザイン思考は組織にいかにして採用されたのか。
挑戦課題は何か。 |

PART 2 3つの緊張感	**第3章　デザイン思考家と組織の距離から生じる緊張感** デザイン思考家はいかにして組織の「内」か「外」にある挑戦課題をナビゲートしたのか。
	第4章　破壊的イノベーションの実行にあたって生じる緊張感 斬新的な変化へのニーズを満たす一方で、デザイン思考家はいかにして破壊的イノベーションを追究したのか。
	第5章　視野の違いによって生じる緊張感 デザイン思考家はいかにしてシステム・レベルでのイノベーションを遂行するのと同時に、ユーザーの視点に立ったのか。

| PART 3 組織のための デザイン思考の リフレーミング | **第6章　デザイン思考のリフレーミング**
3つの緊張感にいかに対処するかについて組織の経験が私たちに語るものは何か？ |
| | **第7章　どこからはじめるか：デザイン思考プログラムの構築**
あなたの組織でデザイン思考プログラムを開始するならば、どのような決定をしなければならないか。 |

PART 1 組織におけるデザイン思考の枠組み（フレームワーク）

　組織におけるデザイン思考家が共通の問題、すなわち生き残るためにマネジメントしなければならない緊張感に直面していることを私は理解した。幸いなことに、生き残っているだけでなく繁栄しているものもいる。彼らがどのようにそれを行っているか知ることがこの本の主題である。

　本書は3つのセクションに分かれている。図1.3がロードマップである。パート1の「組織におけるデザイン思考の枠組み（フレーミング）」では、デザイン思考が実際に何を意味するのか（第1章）、それが民間、公的および非営利の分野で大規模組織にどのように当てはまるかを説明する。そこでは私は、組織のデザイン思考家が3つの緊張感に直面していることを発見した。デザイン思考家と組織の距離から生じる緊張感、破壊的イノベーションの実行にあたって生じる緊張感、そして視野の違いによって生じる緊張感（第2章）である。読者の皆さんがデザイン思考の概念に慣れていない場合、またはそれについてもっと知りたい場合は、第1章を読むことを薦める。もしあなたがすでにデザイン思考を十分に理解していて、デザイン思考が組織でどのように機能するかに主な関心があるならば、第2章から読み進めてほしい。

　パート2の3つの緊張感では、これら3つの緊張感を順番に探る。その際には、組織がどのようにしてそれらを通じて自分たちのやり方で対処するのかを考察し、最良のデザイン思考プログラムが3つの緊張感に対処するように仕事をリフレームしているのをどのように学習できたのかを探究する（第3、4、5章）。これは、組織のデザイン思考の世界を詳しく探究することに関心がある場合に必要なセクションである。

　最後のパートである「あなたの組織に対してデザイン思考をリフレームすること」は、研究から得られた洞察をまとめ（第6章）、組織内でデザイン思考プログラムを開始およびマネジメントするためのロードマップを示している（第7章）。もしあなたの主要な質問が「私は次に何をすべきか？」であるならば、これはあなたのためのセクションといえる。

　まず初めに、デザイン思考の考え方を俯瞰する。

第1章　デザイナーのように思考する

デザイン…そしてデザイン思考

　1つのアイデアとして、デザイン思考を明確に説明するのは難しい。それはデザイン自体が至る所に存在し、多面的だからである。

　意識的であろうとなかろうと、人間は常に何かをデザインしている。最も純粋な形の自然だけがデザインされていない。しかし、現代の世界では、環境破壊あるいは環境を保護するための手段を通じて、自然がデザインによって影響されるのである。帽子、正面の庭の花壇、紙コップ、といったようにデザインは至る所にある。

　しかし、通常、私たちはこのようにデザインを考えることはない。デザインスクールがあり、そこで学生は一連の技法と方法を学ぶ。レム・コールハース、ディーター・ラムス、カール・ラガーフェルドといった「スター」デザイナーがいる。イームズチェアやフィリップスタークのアレッシィシトラススクィーザーのようなクラシックなデザインがある（図1.4）。

図1.4　イームズチェア（左）やフィリップスタークのアレッシィシトラススクィーザー（右）

出典：（左）Flikr user David Costa（CC BY 2.0）；（右）Alessi

9

PART 1　組織におけるデザイン思考の枠組み（フレームワーク）

　デザインは、物事をうまく機能させる科学に根ざした、意識的で自己認識的な活動となっているが、それはまた芸術的な形にまで高められている。

　この洗練されたデザインの中には、デザイナーのわがままと言うだけではとらえられないものがある。建築家のデニス・ラスダンによれば、「私たちの仕事は、クライアントに彼が欲するものではなく、彼が欲しようとは夢にも思わないことを提供することである[2]」という。スターのデザイナーは、「クール」とは何かをあたかも定義しているようである。

　多くの商業デザイナーは、このエリート主義的なデザインの考え方を不快に思い、デザイナーではなくユーザーを第一に考えるデザインの概念を主張している。これは、ユーザー中心のデザイン、または人間中心のデザインと呼ばれている。

　「デザイン思考」は、このユーザー中心のデザインの概念から、すべてのコンテキスト要因を考慮した包括的なイノベーション・プロセスへと拡張することである。デザイン会社の IDEO の CEO であるティム・ブラウンは、デザイン思考によってビジネス戦略とテクノロジーがユーザーのニーズに統合されると主張している。

　「デザイン思考は、デザイナーの感性と方法を使って、人々のニーズを**技術的に実現可能なものに適合させ、実行可能なビジネス戦略を顧客の価値と市場機会に変換させ一致させる原理である**[3]。」

　多くのビジネス上の問題を定義するのは困難である。そして、デザイン思考は、あなたがあいまいさのなかで働くのを助けるために一種のツールキットを提供する。このように考えると、デザイン思考は1つの**プロセス**である。イノベーションするためにあなたが取り組んでいる行為のすべてを指している。エスノグラフィー研究で用いられる方法を使って、本書の読者は、以下のことが出来る。

　・ユーザーの生活と根本的なニーズを探っていく

第 1 章　デザイナーのように思考する

・フレームワーク[4]を使用して問題を定義し、データを分析する

・競争力のある製品や戦略を学習する

・テクノロジーと会社の資源についての理解を深める。そして、進行プロセスに従ってプロトタイプを制作する

　しかし、どこから始めるのか？一部の意見では、ユーザーの要望から出発点が示されるとするが、ことはそれほど単純ではない。デザイン思考は、あるステップが別のステップに順番に続く直線的な実践ではないし、また完全に循環的でもない。専門的なデザイナーを対象とした調査によると、分析からプロトタイプ制作、そして分析に戻り、またデータ収集を行うなど、反復的なプロセスを行っている[5]。部外者にとっては、それは混沌としたものであり、予測不可能に見える。要するにデザイナーにとっては、どこから始めても問題はないのである。

　デザインは振り返りをする**リフレクティブ（省察的）**なプロセスとして見ることもできる。そこでは「状況が語りかける」のである。すなわちそのプロセスでは、デザイナーの努力に反応し、その反応によって次の反復のためのフィードバックが提供されるのである[6]。ホーヘンドールンによるセンズ傘の行ったり来たりする開発プロセスのように、デザインは探索に関わっている。

　しかし多くのデザイナーにとっては、デザイン思考の考え方では何かが欠落している。デザイナーはデザイン思考をツールのセット以上のものとして、すなわち世界の中で人々のあるべき姿や態度、志向を示す明瞭な思考として捉えている。デザイン研究者のキース・ドーストは、「デザインは、より積極的に世界に関わっていく、考察の方法である。あなたは物事がどう見えるかに満足しない。あなたがデザイナーであるとき退屈するなんてありえない[7]」と示唆している。

　経営学の教授であるリチャード・ボランドとフレッド・コロピィは、**デザインの態度と意思決定の態度**を比較している。

　合理的な意思決定の態度は、検討すべき代替案を思いつくのは簡単だが、その中から選ぶのは難しい、というものである。それとは対照的に、問題解決を

11

PART 1 組織におけるデザイン思考の枠組み（フレームワーク）

する場合の思考アプローチとしてのデザインは、良い代替案をデザインするのは難しく、けれども、いったん良い案を開発すれば、どの選択肢を選択するかについての決定はささいなものになると仮定している[8]。

ボランドやコロピィをはじめその他の者は、デザインとは、あなたが問題に対して感情や態度の面でどのように反応するかに関連していると主張している。それは好奇心、開放性、そして遊び心のある態度である。

こうした問題への取り組み方は、標準的なマネジメントの思考様式とは大きく異なる。私が数年前にインタビューしたデザイナーの一人がこう言った。

「（デザイン思考は）楽観主義の観点から始まる世界の問題に取り組む方法である。すなわち、解決案は存在しており、私たちがその解決案に到達するための方法なのである。それは、「子供の心」に立ち返るということであり、世界があなたに伝えようとしていることすべてに意識が開かれているという能力、そしてオープンに学習する能力を見識に結びつけるという能力の上に成り立っている[9]。」

デザイン思考にはツールキットがあるものの、他方でツールキットだけではあなたをデザイン思考家にはできない。本質的にそれは反復、実験と内省に関するものである。さらに言えば、それは思考様式なのである。つまり、遊び心があり、あいまいさに寛容で、そして学習に対してオープンである。これらの資質は組織の注目を集めている。

デザイン思考が組織に与える影響について説明する前に、その構成要素について詳しく見ていくことにする。

■ デザイン思考についてのより深い考察

デザインはしばしば創造性と関連する。多くの人にとって頭に浮かぶイメー

ジは、自由に形を変えられるクッションタイプの椅子に座りポストイットを使って壁に紙を貼る、一群の流行の先端を行く人たちである。創造性は非常に重要な要素であるが、デザイン・プロセスにおいて創造性は数多くの方法で発揮されるので、デザイン思考を単なるブレイン・ストーミングの一種と考えるのは誤りである。それは、**深い知識から創造的な洞察を築く、統合され統制のとれたイノベーション・プロセス**と考えられている。

デザイン思考についてはたくさんの本や論文が書かれており、それがどのように機能するかについては多くの意見がある。デザイン思考の特徴、分類および強調点は異なるが、それらは共通して3つの重要なことを持っていそうである。つまり、実験、深い理解と創造的なリフレーミング（物事の枠組みの捉え直し）である。

3つのうち最初のものは**実験**である。ホーヘンドールンが傘の問題への取り組んだことを振り返ってみると、彼がしなかったことについて考えるのは興味深い。

彼は、少なくとも最初は市場を分析しなかった。彼は、市場セグメントを特定したり、競争戦略を分析したり、形式的な財務分析を行ったりすることはしなかった。彼はまた、傘の一般理論を開発しなかった。その代わりに、彼は傘を修繕するつもりでいじくり回した。彼は2つの傘を買い、それらを引き離して、そしてそれらを再構成した。そして彼は試作としての素案であるモックデザインを描いた。彼は風洞実験装置と路上を用いてユーザーとともに彼のモデルをテストした。彼がそうするにつれて、彼のアイデアはより洗練され、より焦点が絞られるようになった。

デザイン思考と他のタイプの思考

ホーヘンドールンは、抽象的なアイデアではなく、物的で可視的なものに興味を持っていた。好奇心に突き動かされて、本能的に彼はまず渦中に飛び込んで何かを試すことをした。実験はデザインと科学の両方において中心的なアイデアであるが、まったく異なる意味を持つ。

2007年に、シカゴのIITインスティチュート・オブ・デザインの教授であるチャールズ・オーウェンは、様々な分野の創造的な思考家がどのように問題に取り組んでいるかを考察した。彼は、分野を2つの軸にマッピングした。1つの分野は、「発見」に関わる分析的なものから、「制作する」ないし発明にかかわる総合に至る。他方で、分野は抽象に関係した**象徴的**なものから、物的なものに関係した現実のものにまで至る。分析的／総合的な軸はプロセス、すなわち働き方について示しており、象徴的／現実的の軸は内容について示している。

オーウェンにとって、科学もデザインも創造的思考の一種であった。科学は発見に関するものであり、主として象徴的／分析的領域に位置した。芸術はシンボリックで分析と総合の要素を持っていた。臨床医学は現実世界に根ざし、本質的に分析的なものであった。

総合的／現実的の領域にあって、デザイナーはものごとを分析し、分解するというよりはむしろどうやって融合するかに関心がある。そしてシンボルを扱うようなアートとは異なるものとして具体的に関わっていく。

図1.6 チャールズ・オーウェンの異なる分野における創造的思考の概念

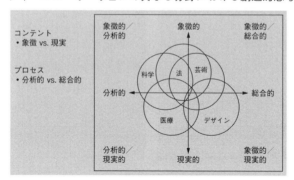

出典：Design Research Society／チャールズ・オーウェン

ホーヘンドールンの試行錯誤のアプローチにより、彼はその問題について、そして事態が進行するにつれて当該問題を解決する際に生じる別の問題につい

第1章　デザイナーのように思考する

て、さらに学ぶことができるようになった。つまり、問題から解決へと一方通行で移動する「直線的」プロセスと比較して、デザイナーは問題から解決へとストレートに移行し、そして再び戻るといったように、ものごとを試していく。チームで解決案を模索しながら批判を見合わせるのがブレーン・ストーミングの精神でもあるが、デザイナーははるかに先を行く。

　デザイナーは、問題の初期の概念化からスケッチへと飛び、また問題に戻り、ラフな試作品のモックアップを作成し、また問題へと至るなどの実験をコンスタントに続ける。**迅速なプロトタイピング**を通して、デザイナーは精緻化を試み、あまり時間をかけずに、解決策のラフな物的モデルを作成する。そして、それがさらに追求する価値があるかどうかを十分に確認するために完成させる。これらのプロトタイプは思考のための重要な手段である。

　具体的な形で問題を表現することによって、プロトタイプは利用可能な選択を明確にする役割を果たす。デザイナーのマリオン・ブシャナウとジェーン・フルトン・スリが指摘するように、プロトタイプを作成することは選択肢を**狭めたり、あるいは広げたりする**[10]。「プロトタイプのように、デザインに使用するツールは、私たちの考え方に影響を与える。解決策、そしておそらく想像さえもが、私たちが自由に使えるプロトタイピングツールに刺激され、制限されている」といった。ドナルド・ショーンの1983年の古典的著書、「省察的実践とは何か－プロフェッショナルの行為と思考（The Reflective Practitioner）[11]」の中で、彼は行うことと考えることの間の相互作用を探求した。ショーンは、専門家が自分の仕事についてどのように考えているかを発見しようとした。思考と実行の間の切れ目のない流れのような即興以上のことを意味する、「行動の省察」を使用するという考えからスタートし、このアプローチがデザインおよび他の分野でどのように使用されるかを探った。

　ショーンは、この流れが建築学者のペトラと彼女の先生であるクイストとの間の相互作用においてどのように発生したかを説明し、そしてペトラの初期のデザインについてコメントし、書き直した。思考と行為は密接に切れ目なく融合していた。

15

PART 1 　組織におけるデザイン思考の枠組み（フレームワーク）

　言語的次元と非言語的次元は密接に関連している。クイストの描いた線はそれらが何を意味するかを述べない限り、よくわからない。反対に、彼の言葉は、ペトラがそれらを図面の線と結び付けることができない限りあいまいなままである。彼の話は、ペトラが彼の動きを観察することによってはじめて解釈できる「ここ」、「これ」、「あれ」のような、不明瞭な会話での言葉（dychtic utterances＊）でいっぱいである[12]。

　キース・ドーストとニーゲル・クロスはまた、思考と行為の間にあるこの前後する相互作用を「問題領域と解決領域の共進化」と表現した。オランダの鉄道用のゴミ入れをデザインするという問題を通してデザイナーの思想を研究することによって、デザイナーが解決案を試み、その結果を反映して、もう一度試すことによって機能することを発見した。デザイナーが何かを試みるたびに、彼らは問題について少しずつ学んだ[13]。

　ある意味では、デザイナーは問題に「語りかけた」。そして問題がデザイナーに「返答した」のである。つまりショーンの言葉では、それは「状況との省察的な対話」であり[14]、コミュニケーション媒体はプロトタイプであった。このため、デザイン研究者は、プロトタイプを用いてコミュニケーション上の問題を乗り越えるために、プロトタイプを「境界オブジェクト」と呼ぶことがある。

＊　筆者は "dychitic" という言葉について明確な定義をすることができないものとして、ショーンはその言葉を考案したように思える。ここでの文脈では、"口頭の" に適切に代替できるように思われる。主要なポイントは、クイストの言葉は彼の意味を伝えるのに不十分だということである。

プロトタイピングによる学習

　制作するということは、問題を理解すると同時に解決することである。それぞれの試みは、問題の性質、範囲およびインパクトについて新たな疑問を投げかける。制作することは、それが問題解決についてであるのと同様に、学習と発見に関わる。

　制作することはあなたが学ぶのを助けるので、あなたはできる限り多くのものを制作すること、それについて考え、そしてその結果によってあなたが作る次のモノに影響を与える。迅速なプロトタイピングは、ラフな形で何度も行われる、描写の精度が低い状態で解決案を試すプロセスである。

　プロトタイプは問題を解決するための試みであるが、その主な価値は学習の手段としてのものである。あなたは制作すればするほど、学習することができ、そしてチームに創造的に流れるエネルギーがますます増大するために、それは迅速になる。

　基本的に、デザイナーはアイデアを試してみることを好む、試行錯誤する人である。オランダの TU デルフトにある図書館では、デザインの学生がモノを組み立てるために、彼（女）らの欲求を満たすことができる「試行錯誤できるテーブル」を提供している。

TU デルフト図書館の試行錯誤できるテーブル

PART 1　組織におけるデザイン思考の枠組み（フレームワーク）

> デザイナーにとって、プロトタイプは目的を達成するための手段である。プロトタイプ自体には価値はないが、そこから得られる学びには潜在的に大きな価値がある。プロトタイプの成功や失敗が重要なのではない。プロトタイプは思い付いた形で素早く製造され、様々な観点から気軽に検討される。プロトタイプはそれ自体が価値をもつモノではないけれども、問題に対する理解を深め、それによって影響を受ける手段であると主張する1つの方法でもある。

デザイン思考の第2番目の明確な特徴は、ユーザーを中心としたコンテキストの**深い理解**である。

デザイナーは、目に見えて現実的なもの、そしてたいてい有益なものを制作することに関心を持っているので、それらを使うことに何が関わってくるのかを深く理解しているのはまさに当然のことである。

あなたは上記のように思うだろう。しかし使用の際に私達に負担がかかるモノをいくつか考えてみるとよい。例えば、あなたが飛行機のフライトに急いでいたときに、購入したナッツのプラスチックパック、そしてそれをナイフやハサミなしではあけることができない（飛行機の中でそれらの1つを手に入れようと試みるものの）ということを目に浮かべてみよう。ハサミを持っていないあなたはパックを開けられずに絶望的になり、あなたは自分の歯でそれを引き裂いて袋を開けるが、ナッツの大部分はあなたの足もとにこぼれてしまうだろう。

また、昨年かなりの出費で購入した高性能カメラには、決して使用しないだろう数百もの機能が搭載されている。それらの機能を見付けたときには、撮りたかった美しい夕日は過ぎ去ってしまい、暗闇の中でどのボタンを押せばよいかわからないうちに見えなくなってしまうからである。思い浮かぶ例は多々ある。明らかに、すべてのデザイナーがユーザーに重きを置いて考えているわけではない。

1980年代初頭のパーソナルコンピューターが未発達の頃には、コンピューターはユーザーから切り離されてしまい、その隔たりが危険な水準に到達して

第1章　デザイナーのように思考する

しまった。つまり、オタクのためのオタクによってコンピューターがデザインされてしまい、コンピューターは世代を経るごとにより複雑になり、一般のユーザーにとって近づきがたくなってしまったのである。

その結果、いくつかのことが起こった。ユーザーの不満を見て、ヒューマン＝コンピューターインタラクション（HCI）運動は人間の行動の理解をコンピューター開発に持ち込もうとした[15]。アップルは、マッキントッシュのコンピューターを発売したときに、有名な映画「1984」をモチーフにしたコマーシャルを流した。それは、ディストピアのテクノロジーをベースにした独裁政権を描いたのだが、宿敵である IBM 社のネメシスが制作したマシンがコンピューターの世界を乗っ取っていることを示唆した。

1988 年に出版された『誰のためのデザイン―認知科学者のデザイン原論』[16]の著者であるドナルド・ノーマンは、ユーザー中心のデザイン、つまりデザインは使用の経験に焦点を当て、それを直感的に捉え明確にする、という考えを主張した。物事は見えるようになっているべきであり、ユーザーはどんな行動がどんな瞬間に可能になるかを知るべきである。

デザインがユーザーの経験を取り入れるべきであることは明らかに思えるかもしれないが、ユーザーがデザインに関して重要な発言権を持つべきだと誰もが感じるわけではない。結局のところ、デザイナーはまだ存在しないことに関心を持っており、一方でユーザーはすでに自分が知っていることだけを理解する。この点に関してスティーブ・ジョブズは、ユーザーにデザインにおける発言権を与えることを恥とすることで有名であった。「多くの場合、人々は、あなたが人々にそれを見せるまで自分が欲しいものを分からない」と彼は 1997年に言った[17]。

実際、ジョブズの発言に関する矛盾はあまりないといえる。ユーザーに何を求めているのかを尋ねると、通常はきょとんとされる。私たちは、本当に欲しいものを意識することはなく、日常生活のあらゆる種類の不完全性を許容する。不完全性の大部分は私たちにとってそれほど重要ではない。あなたの傘がひっくりかえってしまうとき、あなたは濡れて、文句を言い、傘はいつもその

19

PART 1 組織におけるデザイン思考の枠組み（フレームワーク）

ようになる、と思う。

デザイン思考家はユーザーに相談する。しかし、望むものを単に尋ねることによってではない。彼らは、私たちが当たり前にしている問題を探し、それが解決できないし、あるいは単に気付かないと想定する。デザイン思考家は、既存の製品の使用を取り巻く**コンテキスト**（事情や背景）を理解し、その状況で製品が機能したり、また機能しない理由を理解しようとする。

この種の調査では、たとえユーザーがそもそも見過ごしていることに気づいていない場合でも、見過ごされているものを明らかにすることができる。P&G 社のコーポレート・ニュー・ベンチャーのディレクターであるクレイグ・ウィネットは、何が最終的にスィッファー・フロアクリーナー（床掃除用ワイパー）になるかをデザインするために、1994 年にどのようにエスノグラフィー調査*を用いたのかを説明した。

「チームはデザイン人類学者として、人々がどのようにキッチンの床を掃除しているのかを観察するのに着手した。…私たちはシンシナティとボストンの 18 軒の家を訪問し、それぞれの家庭で 1 時間半かけて観察した。主婦は何かを行った理由を理解していない時でさえ、私たちは主婦に説明を求めた。後で分析できるように、私たちはそのプロセス全体についてメモを取り、ビデオで記録した[18]。」

チームは、床掃除は複数のステップを経る複雑なプロセスであることを理解した。主婦は掃除を始める前でさえも、家具を動かしたり、床を掃除したり掃除機をかけたり、きれいな水と洗剤で満たしたバケツなどを使わなければならなかった。床掃除は服が汚れてしまうプロセスだったので、主婦は掃除をする前に服を着替えた。床掃除の科学的側面と共に、こうした床掃除に関わる行動

---

*　エスノグラフィー調査は人々と文化を研究するものである。この用語はデザインでは、個々のユーザーや使用状況に関する質的リサーチを示すものとして、多少ルーズに用いられる。

第1章　デザイナーのように思考する

を詳細に分析することによって、チームはデザインのための一連の諸要件を開発した。ウィネットは次のように記述した。「私たちは次のような解決案を探していた。床を掃除した後にほうきやモップを掃除する必要はない。主婦は清潔で使い古した服を着たくない。すばやくて楽しいので、人々はもっと掃除したいと思っており、よりきれいな家になる。」いくつかのアイデアやプロトタイプが上手くいかずに試行錯誤を経た後、最終的には1999年にスィッファー・ダスターが、2001年にスィッファー・ウェットジェットが発売された。スィッファー・シリーズは、1年間で10億ドル以上を売り上げたP&G社で最も成功した新製品導入の1例である。

　P&G社のデザイン・チームは、デザイン人類学者として、ユーザーを観察しインタビューを行った。さらに進んでユーザーを直接デザイン・プロセスに導くものもいる。多くのデザイン・プロジェクトでは、とりわけ複雑な製品やサービスにとって、ユーザーは単に観察されるのではなく、デザイン・チームに招待される「参加型デザイン」モデルが支配的になる。

ユーザー経験と無人車両

　自動運転車両の急速な発展にともなって、少なくとも1人のデザイン専門家が警告を発した。ドナルド・ノーマンは長い間、ユーザー経験をデザインに取り入れることを率直に支持してきた。

　ノーマンは、完全ではないがほとんど自動化されている自動車は、運転手や他の道路を利用する者に危険をもたらすと主張している。その理由は、緊急の場合に運転手による手動運転が間に合わないことにある。「やることがほとんどないとき、注意は散漫になる」と、彼は2015年にサンディエゴ・ユニオン・トリビューン誌に書いた。

　テスラのモデルSのオートパイロットは、モーター、ブレーキ、そしてステアリングのデジタル制御を利用して、自動操縦、車線変更、速度の管理を可能にさせる。だがノーマンによると、テスラはオートパイロット

21

を導入する前にユーザーの現実世界の経験を理解するのに十分な手間をかけていない。「テスラは無謀である。私が言えることは、テスラは現実のドライバーがどのように車を運転するかについて理解していない。そして彼らは慎重なテストの必要性を理解していない。テスラは自動運転機能を解除し、そして考えを変えてやめなければならないのである。」

新しいテクノロジーの魅力に夢中になり、ユーザー経験を見失うことはよくあることである。ノーマンの指摘は、実際の、想定されていないようなユーザーの経験を慎重に調査することが、効果的なデザインの前提条件であるというものだ。

フロリダ州ウィリストンでのテスラの衝突

(出典)：https://www.flickr.com/photos/ntsb/35366284636/in/photostream/;public domain under Creative Commons.National Transportation Safety Board: フロリダ・ハイウェイ・パトロールの捜査当局による撮影。

デザイナーはユーザーを危険にさらす。場合によっては、ユーザーに大惨事を招く。2016年7月、フロリダ州ウィリストンで大型トラックに自動運転機能が搭載されたテスラモデルSが突っ込んで、車の唯一の乗員であったジョシュア・ブラウンが亡くなった。テスラは、同社のオートパイロット技術には過失はなかったと主張した。2017年のファースト・カンパニー・デザインへのインタビューで、ノーマンは次のように述べた。「私はテスラがその事故の教訓を学び始めていると思っている。厳しい方法でそのことを学ばなければならなかったのは残念である。」

第1章　デザイナーのように思考する

　デザイン思考の3番目の特徴的な要素は、問題に対して**創造的なリフレーミ**
ングをすることである。問題をリフレームすることは、別の質問をすることで
あり、別の観点からその問題を見ることである。

　数年前、私はトロントの病院でデザイン思考に関するワークショップを開催
した。医師や看護師のグループが、彼（女）らにとって非常に重要な問題を抱
えてワークショップに参加した。非常に混雑する救急部門では、患者の秘密を
保持しながら患者の問題を議論するためのプライベートな場所を見つけるのが
難しい。このような問題の解決案はかなり明白である。つまり壁や間仕切りを
置いたり、「シャー」という音が聞こえるようにホワイトノイズを作成するこ
となどが挙げられる。

　私がチームに参加させた大学院生のミヒナ・ガレティアヌは、少し素朴でさ
えあったが異なった見方をした。議論は以下のようになった。

ガレティアヌ：「救急部門はなぜそんなに混んでいるのですか？」

他のチームメンバー：「患者は家族と一緒に診察を待っているからだと思います」

ガレティアヌ：「なぜ彼らは救急部門で待っているのですか？」

他のチームメンバー：「私たちは患者らに待つように言ったので、患者の名前
を呼んだときに診察や処置が可能になるのです。」

ガレティアヌ：「患者らは実際に救急部門にいなくても診療や処置を受けられ
ますか？」

　医師が診察する時間になったら、患者とその家族の何組かは、実際に戻って
くることができるとチームは認めた。「どうすればもっとプライバシーを守る
ことができるのか」ではなく、「救急部門の過密状態をどうすれば減らすこと

23

ができるのか」という問題にリフレームされたのであった。

このリフレーミングによって、興味深い解決案が生れた。すなわち、治療を待っている人が病院のカフェやショッピングエリアを歩き回ることができ、さらに遠くへ行くことを可能にさせるアプリやポケットベルなどである。これによって、救急部門が混雑する問題に対処しながらも一方で患者を幸せにし、病院の収益を向上させられる。

アルバート・アインシュタインのよく引用される言葉によれば、「問題を解決するために1時間あれば、問題について考えることに55分費やし、解決案について考えることに5分費やすことになる。」アインシュタインが実際にそれを言ったことがないかもしれないが[19]、解決案に一気に飛ぶ前に問題について慎重に考察するというアイデアはデザイン思考の特徴である。

例えばアインシュタインは3つの方法で問題について考えることができただろう。演繹的推論、帰納的推論そしてアブダクション（仮説的推論）である。**演繹的推論**は、一般的法則を特定の事実に適用することである。演繹的に推論したならば、彼は状況を観察し、それから必然的に生じるものを見たはずである。風の強い状況ですべての傘が裏返しになり、アインシュタインが傘をもって風の強い日に出ていた場合、彼の破損した傘は風が原因によるものであるはずである。

帰納的推論は、特定のケースから一般的な法則を導出する推論である。例えば、先週、風の強い状況でアインシュタインの傘が裏返しになったならば、彼の傘は裏返しになる可能性があるので、室内に留まるべきである。

演繹的推論と帰納的推論は、何世紀にもわたり哲学者によって認識されてきた。1903年にチャールズ・サンダース・パースはアブダクションを示した[20]。そしてこのタイプの思考はデザインの観点からは興味深いといえる。アブダクションは、新しい仮説を創造し推測することである。例えば、もしアインシュタインがもっとよい傘をもっていたのであれば、おそらく傘は裏返しにならないし、彼は外出できた。そのため、アブダクションは可能性を創造すること、つまり問題を異なる視点でとらえる可能性のことである。

第1章 デザイナーのように思考する

　異なるパースペクティブは問題を変換することで可能性を生み出すことができる。シドニー工科大学におけるデザイニング・アウト・クライム（http://designingoutcrime.com/）はデザイン・イノベーションを犯罪や社会問題に適用するように機能している。そのセンターは、ニューサウスウェールズ州の司法省と共同して、問題を深く考察するためにフレーム創造と呼ばれる方法を活用する。

　あるケースでは、当該グループはキングスクロスと呼ばれるシドニー地区の問題に取り組んだ。この地区にはいくつかのナイトクラブがあり、そこは大量のアルコール関連の犯罪の現場であった。週末には最大3万人が集まり、その75％は15歳から30歳の若者であった。政府当局は警察の見回りをこれまで以上に行い、CCTVカメラを設置し、トラブルメーカーを逮捕するなどの措置を講じた。しかし、問題は解決しなかった。

　デザイニング・アウト・クライムのチームは、様々な方法で考察し、コンテキストを探求する、すなわち「問題の周辺を散策する」ことで、問題の枠組み設定自体に注目した。このチームの調査によると、キングスクロスを週末訪れる者は、犯罪者ではなく楽しい時間を求める普通の若者たちであった。だが、この地域には3万人もの人を相手にする設備が備わっていなかったので、トラブルが続発していた。

　既存の解決案は、監視や取り締まりを強化するばかりで訪問者を犯罪者にしてしまっていた。代わりに、チームは大規模な音楽祭のメタファーをレンズとして用いて、この問題を犯罪ではなく群集マネジメントの1つとして再解釈した。「1つのイベント」としてのキングスクロスをリフレーミングすることは、公衆便所、街の各所を案内するストリート・アンバサダーや芸術的な照明設備の設置、などのように、これまでとは異なる一連の解決案をもたらした。

　リフレーミングは、問題についての新しいスタンスを生み出すために、フィードバックループの中で**見て**、**考えて**、**行動する**こととして説明されてきた。デザイナーは「問題のある領域」を特定しようとする。それによって、可能な解決案の範囲と性質が決定される。一部のデザイン理論家にとっては、フ

25

PART 1　組織におけるデザイン思考の枠組み（フレームワーク）

レーミングは、ランダムなブレイン・ストーミングではなく、デザイナーの真の創造性が存在するコアデザインスキルである[21]。

　この観点から見ると、ホーヘンドールンのところで出てきた磁場とヘリコプターのような装置は、問題を探求する彼なりの方法であり、当初は傘にとらわれることなく「雨に濡れないようにする」とフレーミングしていた。結局、彼は探索によってより良い傘を作る可能性を理解した。

　これら３つの特徴的な要素：実験、深い理解、そして創造的なリフレーミングは、互いに独立しているのではなく、エンジンのギアのように一緒に機能する。３つの部分すべてがデザイン思考で表現されているが、明確な出発点はないのである。

　ホーヘンドールンは傘をバラバラにして元に戻すことから始めた。スィッファーのチームは、ユーザーの床掃除の経験を分析した。デザイニング・アウト・クライムは、問題を表現し、別の視点を採用するという創造的な類推を行った。すべての人が実験し、ユーザー経験を探求し、そしてリフレームを行った。だが必ずしもその順序通りではなかった。深さ、創造性、そして柔軟性からなる組み合わせは、デザイン思考をビジネス、政府そして社会における広範囲のやっかいな諸問題に適応可能にさせる。

■ デザイン思考のインパクト：やっかいな問題

　アメリカの著名デザイナーであるチャールズ・イームズ（1907–1988）はかつて「デザインの境界は何ですか？[22]」と尋ねられたとき、「問題の境界はどのように捉えられるのか」と答えた。デザイン思考は、特にイノベーションに焦点を当てていて、それが民間、公共、そして非営利の分野といった、広範囲の問題に渡って役立ちうることを示した。

　デザイン思考をあらゆる種類の問題に適用できるのであれば、**やっかいな問題**に対して利点を有している。いわゆる最大の問題は何であるかを決定すること、すなわちデザイン用語で言えば、問題の領域を構成することである。デザ

イン思考の反復的でリフレクティブな性質は、このタイプの問題に特に適用可能である。

　やっかいな問題は明確な境界や明確な解決案がないだけでなく、常に悩まされる質のものである。デザイン理論家のホルスト・リッテルが1960年代に論じたように[23]、それらは「あまりうまく定式化されていない社会システムの問題のタイプであり、そこでは情報が錯綜し、価値が相反する多くの顧客と意思決定者がいる。そして全体システムの予期しない結果によってすっかり混乱している」のである。

　リッテルは経済システムや教育システムのマネジメントといった社会問題について議論していたが、プロのデザイナーは日常的に取り組む問題の記述としてこれを認識するだろう。リチャード・ブキャナンのようなデザイン理論家は、デザイン思考は**普遍的な視野を持ち**、かつ**特定のものを発明する**ことをタスクとしているので、それはやっかいな問題に特に適していると主張した[24]。ホーヘンドールンのように、デザイナーは非常に広い範囲のレンズを通して問題を考察しなければならなかったが、結局それに対する特定の解決案を考え出すことになった。

　リッテルが社会におけるやっかいな問題を定義する一方で、経営学者はマネージャーが直面する問題のやっかいさを認識した[25]。2000年代までに、グローバリゼーションと技術の進歩は複雑さと曖昧さをもたらした、そして「複雑な問題」という言い方はマネージャーが定期的に直面する挑戦課題の適切な説明のように思えた。デザイナーは不完全ではあるものの、やっかいな問題に対処する能力を備えていたが、マネージャーは明確に定義された問題領域を前提とする直線的アプローチを用いたために苦闘した。

　デザイン思考はこれらのやっかいな問題を通して1つの方法を提供した。それらを解決することは、問題を組み立てる従来の方法を受け入れるのではなく、問題の性質と範囲を理解することであった。これがデザイン思考の反復的アプローチの強みであった。

　2000年代初頭、私はトロント大学のロットマン・スクール・オブ・マネジ

PART 1　組織におけるデザイン思考の枠組み（フレームワーク）

メントの教員であった。学部長のロジャー・マーティンは、ほとんどの企業が分析的思考に集中しすぎているために、現在の知識を洗練したり、現状をほんの少し改善するにすぎないと主張していた。私は興味をそそられた。

　マーティンは、デザイン思考を適用することによって、いくつかの企業がどのように革新的に成功したかを示した。2009 年の著書の中で [26]、彼が P&G 社、シルクド・ソレイユ、RIM などから得られたケーススタディを用いて明らかにしたことは、事業は明らかな解決案を持たず、それに対処するための革新的な方法を見つけなければならない「謎」に直面していると主張した。マーティンにとっては、デザインは「次世代の競争優位性」であった。私にとっては、デザインはビジネス専攻の学生が卒業したときに直面するだろうやっかいな問題に対処するために彼（女）らを教育することに資する新しい考え方であった。

　公共部門はまた複雑な社会問題に対するデザイン思考の価値を理解し始めた。デンマークから米国、シンガポールまで、政府はデザイン「ラボ」で実験し、通常は小規模な実験から始めていった。

　2013 年の論文で [27]、当時のデンマーク政府のデザイン思考ラボであるマインドラボのディレクターであったクリスチャン・バソンは、政府におけるデザイン思考のためのケースを論じた。しかし、彼はいくつかの挑戦課題に気付いた。新しいラボを立ち上げることは実現可能であったが、そのアプローチを政府に取り込むことは別の問題だった。政府は適切なスキルを持ち合わせていなかった。コンサルティング市場はまだ発展していなかった。そして政府の官僚的な性質により、多種多様で複数の利害関係者を関与させなければならない市民中心のアプローチでは困難を伴いがちであった。

　アメリカ政府によるデザイン思考の経験はその好例であった。2012 年に、連邦政府人事管理局（OPM）は、イノベーションラボの構築と人員配置に 150 万ドルを費やした [28]。それはシリコンバレー・スタイルのテクノロジーハブとして構想されているものの、イノベーションラボはもともと OPM のウェブサイトを再構築するために設立された。しかし、すぐにラボ自体が OPM 全体の幅広い問題に対処できることが分かった。

28

OPM にはかなりの熱意があったが、会計検査院（GAO）はそれほど感心を示さなかった。GAO は、OPM のイノベーションセンターには厳密な評価の枠組みが欠けており、明確で具体的な結果の尺度を開発する必要があると主張した[29]。

それでも、バソンは楽観主義者であった。すなわち、世界中で公共部門のデザイン思考に対する関心の高まりが考えられていることから、政府におけるデザイン主導型のイノベーションのためには、これからの未来や自分のコントロールできそうなことはまだまだ残っているという彼の楽観的信念をもって論文を締めくくった。その一部として、マインドラボは、廃棄物の管理の再考、刑務所内の受刑者と刑務官の間の緊張の緩和、および精神障がいをもつ人のためのサービスの変革といった、いくつかのプロジェクトで成果を上げている。

世界の貧困は、おそらく最も深刻で複雑な問題である。2014 年に、国連開発計画はまた、複雑な社会的問題に対処する上でデザイン思考の価値を理解した。

「デザイン思考の目的は、相互に関連し、拡散する経済的および社会的パターン、より複雑な問題、曖昧な統治の境界、公共行動に対する信頼の低下などの現代的な課題に取り組む革新的なアプローチを政府に提供することである」[30]。社会的イノベーションについて、十分に構造化されていない領域でもデザイン思考を受け入れ始めた。2012 年には、トロントの MaRS ソリューションラボは、世界中の 23 のイノベーションラボに関する一連のケーススタディを発表した。デザイン会社 IDEO は IDEO.org を設立し、「貧しく脆弱な地域社会の人々の生活を向上させるための製品、サービス、そして経験」のデザインに力を注いだ。

その一例が d.light（www.dlight.com）である。これは発展途上の社会に手頃な価格の社会的エネルギーを提供することに専念している社会的企業である。この企業の製品範囲は、家庭用、業務用、学業用のソーラー照明および電力製品と電力システムを中心としている。d.light はスタンフォード大学の「d.school」デザイン思考ラボで生まれた。創設者のサム・ゴールドマンは次の

PART 1　組織におけるデザイン思考の枠組み（フレームワーク）

ようにコメントしている。「d.school で最初に築かれた情熱とデザイン思考は、d.light の文化と使命を推進し続けている。ソーラー照明はほんの始まりにすぎない。私たちは自分自身を開発途上の国の再生可能エネルギーの供給者と捉えており、今後も製品ソリューションと流通ネットワークを拡大し続けていく。」このような例が不足することはない。深い研究に根ざした人間の創意工夫を引き出す能力は、それが最も困難な問題に取り組むのに非常に有益であると私を含めたデザイン思考の支持者は主張している。

その利点は否定できないが、それでも現実の組織での実施は必ずしもうまくいっていない。

組織におけるデザイン思考

主に「イノベーションラボ」の形式をとって、デザイン思考によるイニシアチブが、組織のあらゆるところに現れている。しかし、一般的にはデザイン・マインドセットが広がりを示してはいない。デザイナーの開放性、好奇心、流動性は、大規模組織の厳格なプロセスの中では不快感を生じさせる。破壊的なイノベーションは、組織の希少な資源を消費し、組織の忍耐力をテストすることができる。また、ユーザー中心の視点を維持することも難しくなる。これらの挑戦課題は、組織におけるデザイン思考の3つの緊張感を反映させる。それらは、デザイン思考家と組織の距離から生じる緊張感、破壊的イノベーションの実行にあたって生じる緊張感、そして視野の違いによって生じる緊張感である。本書では最高のデザイン思考プログラムを通じて、これらの緊張感に対処するために彼（女）らの仕事をリフレームすることを学習する。

次章では、私が取り上げる組織について、なぜ組織がデザイン思考に興味を持っているのか、そして組織が何を望んでいるのか、そして組織が取り組む3つの緊張感について説明する。第3、4、5章では、それぞれの緊張感を順番に探究する。第6章では、組織が学んだ教訓をまとめて、**あなたの組織でデザイン思考がどのように機能するようになるかを示唆する**。一方、第7章では、独

自のデザイン思考プログラムを設定するための具体的なガイドラインを提供する。

デザイン思考が世界の問題に対する答えであると言っても過言ではない。それでも、民間、公的、非営利の各部門で、問題の境界に関するイームズの修辞的な質問の反響が聞こえる。やっかいな問題には境界がないため、デザイン思考の影響が大きくなることが予想される。デザインはデルフトの雨の日をはるかに超えて私たちを導いていく。だが、デザイン思考の本質はセンズ傘を発明したきっかけとなったデザイナーの頭の中のマインドセットのもとにある。

【注】

1 The Dream of Making Senz, 22 february 2013, youtube video. https://www.you tube.com/watch?v=ensds7kzqv0. retrieved 9 June 2016.

2 Cited in nigel Cross, *Design Thinking: Understanding How Designers Think and Work* (London: Berg Publishers, 2011), 3.

3 Tim Brown, "Design thinking," *Harvard Business Review* (June 2008), reprint r0806e: 2. emphasis added.

4 例として5回の「なぜ」、ユーザーのペルソナ、ユーザー経験マップ、その他多くのものがある。この手法の主たる参考文献は Vijay Kumar, *101 Design Methods: A Structured Approach for Driving Innovation in Your Organization* (Hoboken, NJ: Wiley & sons, 2013).

5 Kees Dorst and Nigel Cross, "Creativity in the Design Process: Co-evolution of Problem–solution," *Design Studies 22, no. 5* (September 2001): 425–37.

6 Donald A. Schön, *The Reflective Practitioner: How Professionals Think in Action* (London: temple smith, 1983), 102.（柳沢昌一・三輪建二監訳『省察的実践とは何か―プロフェッショナルの行為と思考』鳳書房、2007 年）

7 Kees Dorst, *Understanding Design: 175 Reflections on Being a Designer* (Amsterdam: Bis Publishers, 2006), 177.

8 Richard Boland and fred Collopy, "Design Matters for Management," in *Managing as Designing*, eds. Richard Boland and Fred Collopy (Stanford, CA: Stanford University Press, 2004), 4.

9 Diego Rodriguez（IDEO）への著者によるインタビュー, Palo Alto, CA, 2008 年 2 月.

10 Marion Buchenau and Jane Fulton Suri, "Experience Prototyping," *Proceedings of the 3rd Conference on Designing Interactive Systems* (DIS 000) (New York:

PART 1 組織におけるデザイン思考の枠組み（フレームワーク）

ACM, 2000), 424–33. http://wiki.cs.vu.nl/swouting/images/e/ef/experience_proto typing.pdf. retrieved 29 June 2016

11 Schön, *The Reflective Practitioner.*

12 ibid., 81.

13 Dorst and Cross, "Creativity in the Design Process," 434.

14 Schon, *The Reflective Practitioner.*

15 ユーザー中心のデザインの歴史の詳細については、著者の論文を参照してほしい。"User-Centred Design and Design-Centred Business schools," in *The Handbook of Design Management*, ed. Rachel Cooper, Sabine Junginger, and Thomas Lockwood (Oxford: Berg Publishers, 2011), 128–43.

16 *The Design of Everyday Things* (New York: Basic Books, 1988). 後になってこの本のタイトルは変更にされた。

17 Chunka Mui, "five Dangerous Lessons to Learn from Steve Jobs," *Forbes* (17 October 2011). http://www.forbes.com/sites/chunkamui/2011/10/17/five-dangerous-lessons-to-learn-from-steve- jobs. retrieved 15 June 2016, からの引用。

18 Harry West, "A Chain of Innovation: the Creation of Swiffer [research technology Management]," TMCNet (14 June 2014). http://cloud-computing.tmcnet.com/news/2014/06/14/7876042.htm. retrieved 16 June 2016.

19 Quote Investigator. http://quoteinvestigator.com/2014/05/22/solve/. retrieved 19 April 2018.

20 Charles s. Peirce (1903). Lectures on Pragmatism. in Peirce (CP) 5.14–5.212. Cited in Gerhard Schurz, "Patterns of Abduction," *Synthese* 164, no. 2 (september 2008): 201–34.

21 Kees Dorst, "the Core of 'Design thinking' and its Application," *Design Studies 32, no. 6* (November 2011), 521–32.

22 Design Q & A with Charles Eames, 14 April 2011, youtube video. https://www.youtube.com/watch?v=3xyi2rd1QCg. retrieved 24 June 2016.

23 Horst rittel and Melvin Webber, "Dilemmas in a General theory of Planning," *Policy Sciences* 4, no. 2 (June 1973): 155–69.

24 Richard Buchanan, "Wicked Problems in Design thinking," *Design Issues* 8, *No. 2* (spring 1992): 5–21.

25 Charles West Churchman, "Wicked Problems," *Management Science 14, No. 4* (December 1967): B-141–2.

26 Roger Martin, *The Design of Business: Why Design Thinking Is the Next Competitive Advantage* (Cambridge, MA: Harvard Business Press, 2009).

27 Christian Bason, "Design-Led innovation in Government," *Stanford Social Innovation Review* (spring 2013). http://ssir.org/articles/entry/design_led_innova

第1章 デザイナーのように思考する

tion_in_government. retrieved 24 June 2016.

28 Josh Hicks, "Can OPM's 'Innovation Lab' Live Up to its Silicon Valley Billing?" *Washington Post*, 2 May 2014.

29 United states Government Accountability office, *Office of Personnel Management: Agency Needs to Improve Outcome Measures to Demonstrate the Value of Its Innovation Lab*, (GAo-14–306) (Washington DC: 2014).

30 Lorenzo Allio, *Design Thinking for Public Service Excellence* (singapore: Global Centre for Public service excellence, United nations Development Programme, 2014), 4. http://www.undp.org/content/undp/en/home/librarypage/capacity-building/global-centre-for-public-service-excellence/Designthinking.html. retrieved 27 June 2016.

33

第2章 デザイン思考の採用

デザイン・ジャーニー

2007年4月のシカゴは冷え切るほど寒かった。私が高架鉄道の環状線の南に向いたとき、貿易評議会の建物の上に立つ荘厳なケレス像が、私に中西部人らしくこの寒さに立ち向かえ、と訴えたように感じた。イリノイ工科大学デザイン大学院の所在地である350ノース・ラサール・ストリートに向かって急いだ。

あなたがもしシカゴを訪れ、しかもその素晴らしい建築を巡ったことがあれば、シカゴがデザインに注意を払う都市であることがすぐわかる。諸多の著名な建築物の中に、イリノイ工科大学がある。都市の南側に位置するメインキャンパスは、画期的な建築家ルートヴィヒ・ミース・ファン・デル・ローエとレム・コールハースがデザインした建築上の傑作である。

イリノイ工科大学のデザイン学校であるデザイン大学院（略称ID）は、当時シカゴ川のすぐ北に位置する自前の歴史的建物であるオフィスタワーに入居していた。

IDの年次戦略会議はデザインとビジネスのユニークな融合であり、私はここ数年間出席していた。その大学院院長パトリック・ホイットニー氏は静かで控えめな口調でありながら、ビジネスにおけるデザイン思考の力と潜在的可能性を雄弁に語った。彼が私をIDの研究員として数週間を過ごすように招待したことは、デザイナーと付き合いながらデザインを学ぶ絶好の機会だった。その後、IDで学んだことが私の他のデザインスクールでの指導及びデザイン会社で働くスタイルを築いた。

イノベーションとデザインは何十年も私の人生の一部だった。パッケージ商

35

図 2.1　イリノイ工科大学のキャンパス

ミース・ファン・デル・ローエのクラウン・ホール

レム・コールハースのキャンパスセンター

出所：(上) ジョー・ラヴィ、CC-BY-SA 3.0。画像出所：MIMOA；
　　　(下) ©Jeremy Atherton、2006

品業界の元イノベーション・マネジャーとして、創造的な人材たちと密接に連携し、製品、パッケージング、コミュニケーション、サービスをデザインした。私は、トロントのロットマン・スクール・オブ・マネジメントの教授として、2000年代の初めに世にアプローチする方法としてのデザイン思考に触れた。私はマネジメント教育に資するものとして、デザイン思考に大きな可能性を見

第 2 章　デザイン思考の採用

出した[1]。しかし、私の ID 訪問は、それまでほとんど理解していなかったプロセスに対する新しい敬意をもたらした。

1937 年に新「バウハウス（デザイン界の名校としてドイツにバウハウス校がある）」として創設された ID は、効果的なデザインの基礎として、分析、統合、構造化された思考を強調する「メソッド」の学校と自認している。学生は問題を体系的に考え、創造性をサポートするために何百通りもの手段を教えられている[2]。私が学んだデザインは、創造的なだけではなく、極めて綿密なモノでもある。

シカゴでは、ID の学生が地元のアイルランドパブであるファドを紹介してくれた。500ml ほどのギネスビールを飲んだ後、彼らと私はデザイン思考に対するエネルギーと熱意、そして仕事が見つからないことによる失意も分かち合った。大げさかもしれないが、当時のビジネスにはデザイン思考がそれほど採用されていなかった。私はデザイン思考がどのように広範囲に採用されるかについて多くの疑問を残し、シカゴを去った。後年、多くの組織がデザイン思考を採用したことが分かった。しかし、こうした取り組みに成功した事例もある一方、より多くの取り組みは彷徨っている。

一部のデザイナーは、ビジネスのリーダーたちがデザイン思考をマネジメントの流行に置き換えようとしていると責めたが、私はすべてのアピールが過度だったからではないかと疑問に思った。おそらく組織は本当に理解せずに次に来る一つの流行としてデザイン思考を取り入れたのではないか？

あるいは、主張者の最善の努力にもかかわらず、デザイン思考は組織に馴染ませるのはあまりにも難しく、通常のビジネス思考とは大きくかけ離れたものだった。マネジャーはデザイナーのように考えるように勧められたが[3]、それは現実的だったのだろうか？

私は過大評価と誤解の両方から要因を見いださなければならない。デザイン思考は実際に過大評価され、誤解され、マネジャーがデザイン思考を信じるのは簡単ではない。しかし、可能性はある。一部の取り組みで難しい課題に直面しながら生き残り、一部は繁栄さえした。これらの組織は、デザイン思考の 3

37

PART 1　組織におけるデザイン思考の枠組み（フレームワーク）

つの不安定要素をマネジメントした。そして、最善策はこれらの不安定要素を
リフレーミングすることによってイノベーションを再定義することだった。

デザイナー及びデザイン思考の理念の「流行」

　経営組織が関心を寄せる前から、デザイナーはユニークな考え方を持ってい
ると自覚しており、「デザイン思考」と呼ばれた。しかし、デザイン思考の採
用を積極的に訴えることは、多くのデザイナーにとって彼らの職業の専門性を
失わせ、それが、マネジャーたちのために簡単に理解できるパッケージにされ
てしまうように思われた。

　多くの組織は、簡単なバージョンのデザイン思考に魅かれ、粗削りのアイデ
アの創造に走るが、これらのアイデアを考え出すために必要な深い分析と意見
を考慮にいれていない。私がインタビューしたある匿名希望の挫折したデザイ
ナーは、彼の組織に「集中力が続かないこと」を嘆いた。

　　　「"彼らは問題に直面しようとせず、ちょっと深読みしたり、しばらくし
　　て再度検討するつもりもない。実際にプロトタイプを作成したり、リフ
　　レーミングしたり、試行錯誤の処理を行うために時間を費やすこともな
　　く、彼らはすぐにこうした課題を飛ばして"我々はこれで終了したい。こ
　　こから先に進みたい。"と言う。」

　結局、不可能な高度（文字通りなら「世界を変える」と書く人もいるが）に
到達できないとき、デザイン思考の矮小化がトラブルを起こす。2011 年、か
つての主張者であったビジネスウィークの編集長、ブルース・ナスバウム准教
授は、これを「失敗した試み」と切り捨てた[4]。

　こうしたことに私は不公平を感じた。ただしばらくの間、私は「デザイン思
考」という言葉に不快感を持ち、使用しないようにした。私の不快感の理由の
一つは、デザイン界の人々の用語に対する反応だった。彼らが呼吸する空気の

一部のようにデザイン思考は常にそこにあるものの、注目を集めるため、経営上の流行としての誇大宣伝に憤慨している。

　私の初期の研究において、デザイン思考に関心を持ちながらもビジネスマンとして疑念を抱いた。インタビューした、イノベーション専門コンサルタントの一人が私にこう言った。「デザイン思考はあまりにも単純に見られている。自分は気難しい人間ではない（決してすぐ言い返すようにしない）が、この捉えにくい話をあまりにも単純だと言われてしまうと、文句を言いたくなる。」

　別の機会で著名なデザイン研究者がデザインスクールにある私のオフィスに来た。私がビジネスマンだったことを聞いて、彼は微笑んで言った。「ああ、あなたはデザイン思考を、ポストイットを使ってアイデアを出すモノだと思う人々のうちの一人だ。」

　私は机の上にある一対の明るい色のポストイットの入れ物を見つめ、ああ、そう思われたのか、と気付いた。

　多くのデザイナーがポストイットをそのように理解するように、ビジネス界におけるデザイン思考の「発見」とそれに続く普及は、彼らが従事してきた創造的かつ厳格な作業を安易なものにし、この分野で培われてきた豊かな知識を無視することである。

　デザイン理論の研究者ペトラ・バード＝シャウブ、ノーバート・ルーゼンバーグ、カルロース・カードーソーは、デザイン思考の誇大宣伝がその意味を薄めたと主張した。バドク・ショブと彼の同僚たちは、デザイン思考がデザイン分野で強い伝統を持つ一方、デザイン思考で一儲けしようとする人々がデザインを、まるで自分達が育ててきたかのように「競争上の優位性」として全面的に主張しているという。彼らは「ティム・ブラウンの『新デザイン思考アプローチ』では、最終的にはかなり低い分析レベルで策定されている。説明は経験的にも理論的にもサポートされていない。ある種のよく知られた経営問題の解決アプローチで固めた彼自身の経験をまとめたようなものである。」と書いた[5]。

　別の人も同様な意見を表明した。デザイン・エキスパートのブライアン・リ

PART 1 組織におけるデザイン思考の枠組み（フレームワーク）

ンは、「おもちゃ付きお子様ランチ」のようなデザイン思考の過度の簡略化が創造性を殺していると主張した[6]。思考をパッケージングして売り込むような分野ではビジネスを取り巻く人々にアピールするためにレベルを低くすることが最新の流行になっている。それ以外にも、デザイン思考を誤解したため失敗し、ビジネス思考とも統合されてさえいないと主張する人もいた[7]。

　しかし、多くの人が、デザイン思考は最新のビジネス上の流行り以上のモノと感じた。私たちはドナルド・ノーマンという「顧客中心」のデザインの権威と、古典とされる『誰のためのデザイン　認知科学者のデザイン原論』の著者（第1章）と出会った。彼は他の多くの人々と同じく、デザイン思考に懐疑的だが、楽観的だった。ノーマンは、デザイン思考とは神話だが、有益なものでもあると見ている[8]。

　経営学者も論争に加わった。彼らは、デザイン思考が経営者に何かを提供するにはその言葉が不十分だと主張した。オックスフォード大学のサイード・ビジネス・スクールのルーシー・キンベル副学長は、この用語について懐疑的だが、異なる場面での異なる専門職的慣行に焦点を当てる「再考」であると主張した[9]。ウェザーヘッド・マネジメント・スクールのフレッド・コレオピも同様の不快感を持つが、キンベルのように、「焦点のシフト」と主張した。「私は、現存する様々なデザインの実践から引き出された多くの方法と技術を貯蔵し記述するのではなく、議論されている多くの分野及び問題への適用に焦点を当てるべきだと提案する。」[10]

　キンベルとコレオピのアイデアは私にとってある程度有意義だった。欠陥があるにも関わらず、「デザイン思考」という言葉は現在十分に確立されている。組織にとって重要なのはラベルではなく、その方法と試行錯誤のアプローチを通じて、新しい視点を提供する能力である。

　しかし、デザイン思考は単なる方法の貯蔵庫ではない。他の経営的思考と異なり、マネジャーが取り上げることは容易ではない。まずデザイン分野で何十年にも勉強した豊富な歴史と知識が必要である。他方で、省察的な実践、あるいは決定を中断して問題をリフレームする心構えが必要といったように、他の

40

経営的思考と大きく異なり、企業や公共部門の組織に適用するのは難しい。

　しかし、一部の組織はデザイン思考のための強力な足場を確立している。これらの組織はデザイン思考を実施する際に発生する「緊張感」に向け、その対処する方法を見つけた。

デザイン思考における4つの事例研究

　シカゴから始まり、私の研究は、デザイン思考を実行しようとする世界中の組織へと私を導いた。私は30人以上の組織に属するデザイナー、デザインリーダー、大企業の専門家にデザイン思考の認識に関するインタビューを行った。その大部分はイノベーションラボの形を取り、組織にはヨーロッパ、北米、アジアに点在する政府部門、フォーチュン500企業、大規模な非営利団体が含まれる。

　彼らの組織文化を理解するために、私は彼らがいる環境を自分の目で確かめるためにできる限り現地訪問をした。あるとき、デザイナーたちの社内チームと一緒に3時間をかけたワークショップでプログラムの歴史と課題を振り返った。他の例では、同じ組織の複数のデザイナーに個別にインタビューをした。

　私は暖かく迎えられた。回答者たちは非常にオープンで、多くの時間を費やしてくれて、常に組織で直面した困難については驚くほど素直に教えてくれた。

　デザイン思考は、多くのマネジャーの心を捕らえた。2000年代前半には、民間、公的、非営利団体の組織がデザイン思考に取り組みはじめ、現在世界中でこのような試みが継続されている。

デザイン思考を語ってくれた方々

　この本で議論しているすべての話への理解を助けるために、以下、私がインタビューした重要な人々とその所属のリストを載せる。何人かは希望により匿名になっている。私のデザイン・ジャーニーの過程で多くの人々にイン

PART 1　組織におけるデザイン思考の枠組み（フレームワーク）

タビューした。彼らのアイデアは私の思考を形作る上で非常に貴重だった。

名前	組織名	肩書	場所
アレックス・ライアン	アルバータコラボ	シニアシステムデザインマネージャ	エドモントン・カナダ
アンナ・キンドラー	ブリティッシュコロンビア大学	副学長およびアカデミック副学長補佐	バンクーバー・カナダ
ブランドン・リデル	カナディアンタイヤ社	カナディアンタイヤ・イノベーションズ　マネジャー	ウォータールー・カナダ
ブライアン・ズベルト	トムソンロイター社	トムソンロイターラボ　責任者	ウォータールー・カナダ
クリス・ファーガソン	ブリジブル社	最高経営責任者	トロント・カナダ
クリスチャン・バソン	マインドラボ	責任者	コペンハーゲン・デンマーク
シンディ・トリップ	P&G社	シンディトリップ＆カンパニー　社長	シンシナティ・オハイオ州
クレイグ・ヘイニー	コミュニテック社	コーポーレート・イノベーション代表	ウォータールー・カナダ
ダン・エリッツァー	IDEO	ブロックチェーンとデジタルIDリード代表、IDEO CoLab	サンフランシスコ・カリフォルニア
デビッド・エイカン	IDEO	IDEO プロダクツ取締役社長	サンフランシスコ・カリフォルニア
ホリー・オードリスコル	P&G社	グローバルデザイン思考代表＆イノベーション・ストラテジスト	シンシナティ・オハイオ州
ジェス・ロバーツ	アリーナヘルス	プリンシパルデザインストラテジスト	ミネアポリス／セントポール・ミネソタ州
ジョー・ガーバー	IDEO	IDEO CoLab　代表取締役	サンフランシスコ・カリフォルニア
ジョン・ボディ	オーストラリア国税局	シンクプレイスの主導者兼創設者	キャンベラ・オーストラリア
ジュディ・メレット	TELUS社	サービス戦略＆デザインのディレクター	トロント・カナダ
マーク・リョン	ロットマン・マネジメント・スクール	デザインワークスのディレクター	トロント・カナダ
マルクス・グルップ	TELUS社	サービスデザイン＆イノベーションシニアマネージャー	トロント・カナダ
マシュー・チャウ	IDEO	シニアデザイン代表	サンフランシスコ・カリフォルニア
ロナ・チソルム	ドシェ・クリエイティブ社	ビジネスストラテジスト、共同創設者	バンクーバー・カナダ
ロッキー・ジャイン	マニュライフ	REDラボ　ディレクター	キッチナー、カナダ
トーマス・ブレーン	マインドラボ	ディレクター	コペンハーゲン・デンマーク
ウェンディ・メイヤー	ファイザー社	ワールドワイドイノベーション担当副社長	ニューヨーク・ニューヨーク州
ザビエル・デバネ	マニュライフ	イノベーションと事業開発担当副社長	トロント・カナダ

第 2 章　デザイン思考の採用

【本書のストーリーテーラー】

　これらの組織に共通していたのは、「いつものようなビジネス」が機能していないという認識である。世の中は複雑化とグローバル化で相互に繋がっている。技術は劇的な解決策を提供するが、劇的な問題も生じた。顧客は多様な人生を持ち、様々な課題に直面する。彼らは自分の経験を瞬時に広くコミュニケーションすることができる。破壊的イノベーションは混乱した社会秩序への答えにも映り、デザイン思考はやっかいな問題にイノベーション的解決策を提供するように見えた。

　それを実行したほとんどの組織にとって、デザイン思考は実験的な未知へのステップとして始まった。時が経つと、一部の企業が内部のラボとして発達させ、他の企業は準独立したイノベーション・ユニットを持つようになる。さらに、組織全体にデザイン思考を広めようとする人もいる。場合によって、推進力は時間の経過とともに着実に増していく。しかし、デザイン思考はリーダーシップの変化に伴って消滅か衰退してしまう場合もある。

　デザイン思考は大規模な組織では簡単に定着しない可能性が高い。3つの課題に囲まれる一種の継続的緊張状態のなかでこのような取り組みが続くとわかった。3つの課題とは組織の文化的関与、イノベーションの徹底さ、顧客の視点に立つこと、である。私はこれらを「デザイン思考家と組織の距離から生じる緊張感」、「破壊的イノベーションの実行にあたって生じる緊張感」及び「視野の違いによって生じる緊張感」と呼ぶ。この章の後半でそれについて議論し、さらに第3章、第4章、第5章でそれぞれを取り上げる。

《組織におけるデザイン思考の3つの緊張感》

　デザイン思考家は、異なるマインドセット、方法論、目的で世にアプローチする。これらを組織、特に大規模な組織の日常業務に合わせることは難しい。私は組織のデザイナーが3つの基礎的な緊張感に直面していることを発見した。

デザイン思考家と組織の距離から生じる緊張感：組織の日常的な緊張感や政治との距離は良いことだが、離れすぎると孤立につながる可能性がある。

破壊的イノベーションの実行にあたって生じる緊張感：デザイン思考家は画期的なイノベーションへの要求を満たしながら、破壊的なイノベーションを追求することが困難な場合がある。

43

PART 1 組織におけるデザイン思考の枠組み（フレームワーク）

> 視野の違いによって生じる緊張感：イノベーションは組織内外の複雑なシステムに組み込まれている。ユーザー中心の視点とシステムの視点の両方を同時に顧みることは困難である。

　デザイン思考家は日々悪条件と暮らしており、私はそれを「緊張感」と呼ぶ。緊張感は消え去ることなく、一度限りの決断によって解決されることはない。しかし、後で見るように、それらはリフレーミングされるかもしれない。下記の4組織が、デザイン思考の取り組みの中で見つけた問題を分かりやすく示してくれた。

・拡散型デザイン思考プログラムを持つ税務当局：**オーストラリア国税局**
・包括的なイノベーションプログラムを備えた多国籍消費財メーカー：**P&G 社**
・内部のデザインラボを持つ大規模な非営利病院：**メイヨー・クリニック**

　そして、

・マインドラボ、政府外郭団体としてのイノベーションラボ

　この本を通して、私が見つけた緊張感を説明するために、私が研究した組織の事例を使用する。私はこれらの4組織に繰り返し深く入り込んだ。以下それぞれを紹介し、彼らのプログラムの背景について説明する。

【税務におけるデザイン思考：オーストラリア国税局】

　1990 年代後半、納税者に対して、10 年ほど堅苦しく、極めて厳しい取り組みを行った後、オーストラリア国税局（以下 ATO）は、オーストラリア政府内で最も恐れられ、嫌われた機関の1つと評判されるようになった。法人税制度は複雑で迷路のようだった。納税者や税務専門家との関係も低いレベルに落ち込んだ。

　複雑で難しい税制は、納税者のみならず、集計代理者、不満を抱えた有権者

に対処しなければならない政治家など、皆から不評だった。しかし、時間の経過とともに互いに重ね合わされてきたプロセスやシステムは複雑に絡み合い、変更が非常に困難である。さらに、ATOの指揮統制に対する偏見や、至る所にみられる官僚制度におけるリスク回避文化も足を引っ張った。

デザイン思考におけるATOの初期の取り組みは、戦略と可視化に焦点を当てた。これらのアプローチはATOの考え方を大きく進歩させたが、当時の補佐官ジョン・ボディなどは、それが納税者という重要な視点を欠いたものであると感じた。

徴税の「デザイン」という概念は、まったく新しい働き方を導いた。ATOは、納税者との関係を変えようと望んだが、デザイン思考のための「センター」を、識別できるような形では作り出さなかった。そのような「センター」を、定期的な予算削減要求に晒されながら維持するのは難しいだろう。「私たちは、これらのATOの各部署を「デザイン」というイメージでつなぎ合わせ、組織を通じて構築したが、資金提供は受けていなかった。」とボディが私に話した。「私が「センター」という組織を作ったら、おそらく長く保たないだろうということを分かっている。代わりに、デザインという考えを実際の協議やコミュニティの実践を通じてATO全体に播種した。」

初期のプロジェクトでは法人税を扱った。当時、法律では企業内の子会社ごとに別々の納税申告書が必要だった。これにより、コングロマリット企業には大きな負担が生じた。そのうちの何社かは、100を超える子会社に対して別々の書類を準備しなければならなかった。したがって、政府は企業単体として申請が可能になるよう変更を検討した。単一の納税申告書を提出する実際のプロセスは、書類自体だけでなく、デザインも必要とし、ATOは顧客中心のデザイン課題としてこれに挑戦した。ボディが「これは本当に挑戦だった。私たちは実際にプロトタイプ作成や試運転まで行い、試運転を行うために税理士を雇った。多くの可視化、多くのコラボレーション...デザイン思考アプローチの特徴を取り入れ、そこから、徐々に「デザイン思考」のコンセプトが離陸した。」と述べた。

PART 1　組織におけるデザイン思考の枠組み（フレームワーク）

ATO は、その後数年間にわたりデザイン概念を定着させ、幅広い分野で数百のプロジェクトに取り組んだにもかかわらず、ATO のデザイン能力を磨くための見直しの話もあったほどデザインへの持続的な関心が衰えてしまった。

【消費財メーカーのデザイン思考：P&G 社】

2000 年 3 月のある日、P&G 社の株価は 30%以上も下落した。中核事業が衰退し、明確な成長戦略がない中で、同社はビジネスメディアに非難され、投資家は揃って去っていた。

この創業 165 年の洗剤会社は、全くイノベーションの温床のようには思われなかった。しかし、その年 6 月に CEO に就任したラフリーにとって、イノベーションは P&G 社における中心的な組織理念として必要だった。後に P&G 社のグローバルデザインの事業を率いるトリップは私に、同社は技術を開発することに非常に優れていたが、優れた製品だけでは不十分であることがしばしばあったと語った。厳密に管理されたテストによる製品性能の消費者評価は、市場の成功を予測するものとみなされた。しかしトリップは多くの場合で「全体的な製品評価は、市場での成功と相関しないようになった。なぜか？それは大きなジレンマだ。」と述べた。

ラフリーの最初の主な取り組みは、大学ラボ、サプライヤー、あるいは競合他社とさえ連携し、P&G 社の R&D、マーケティング、製造技術を適用してアイデアを商業ベンチャーに発展させるプログラム「連結と発展」だった。

その間、ラフリーはデザイン思考にまい進した。P&G 社アジア本部のある日本にて、彼はデザインの力を見ていた。トリップによると、「マントラ（真言）は消費者の反応となる。我々は人々のニーズを理解しよう。人々のニーズを理解すれば、そのニーズに合ったものをデザインし、創造することができる。」とした。2001 年にラフリーはクラウディーアー・コッチカーを P&G 社デザイン戦略とイノベーション担当の副社長に任命した。

最初、デザイン会社 IDEO との 2 日間のワークショップでサンフランシスコを訪れた経営陣に組織全体のデザイン思考を組み込むことを目標にした。こ

46

第 2 章　デザイン思考の採用

のワークショップは、デザインが物事を可愛くするのみならず、顧客経験のすべてであることを示した。しかし、この思考の変化はどのようにして 10 万人以上の従業員を抱える多元的組織全体にわたるイノベーションを形作るのか？

デザイン機能、またはコーポレート・デザイン能力とは触媒である。コッチカーは 2004 年にクレイ・ストリートという名の P&G 社のデザインラボを設立した。昔の醸造所にある P&G 社の本社から 6 ブロック離れたクレイ・ストリートは、問題解決のラボとデザイン思考の訓練施設である。

クレイ・ストリートでの最初のプロジェクトの 1 つは、古くなったハーバル・エッセンス・シャンプーのブランドを改造し、次に濃い緑色の製品を透明なボトルに入れ替えた。チームは、現代的な意味合いを考慮した、ハーブティーとグラノーラと上品なスムージー及び明るい色のパッケージで、古くて時代遅れのイメージを払拭した。「有機」製品という新しいビジョンを切り開いた。この視点でピンク色や他の色調の不透明ボトルをモダン化し、キャッチフレーズ「純粋植物からの至福の発見」をもたらした。

クレイ・ストリートでは、チームワーク、創造性と人間の可能性が信条の項目となり、箇条書きで表現されている。

・我々はチームの力を信じている―それはこれまでの部分の力の合計よりも強力である。
・私たちは、人々が結びつきによって繁栄すると信じる。
・私たちは、創造性が選ばれた少数の人が持つものではないと信じている。それは単純に人間誰でも持つもの。
・私たちは遊び心を信じている。
・皆が天才であり、ただそれを引っ張り出す必要があるだけである [11]。

これらの信念は、創造的なチームと統合的リーダーの "Enduring Truths"「永続的な真実」（P&G 社が創造性と統合性の基礎、つまり意図、思いやり、つながりを併せて作った文言である）の基盤である。明確な意図、豊かな人間

PART 1　組織におけるデザイン思考の枠組み（フレームワーク）

性を持つ思いやり、そして人々とアイデアをまとめるための繋がりなどを含む。具体的に、これらの真実はクレイ・ストリートの経験に基づく9つの側面で解釈される。

〈意図〉
　・初期条件の設定
　・急がば回れ
　・目に見えないものの可視化
〈思いやり〉
　・すべての声を聞く
　・新しい目線で見る
　・夢中になる
〈結合性〉
　・自己発見を育む
　・多義性に飛び込む
　・ストーリーを共有する[12]

　しかし、リーダーシップの変化に伴い、P&G社もデザインが衰退する気配があった。デザインラボを率いるコッチカーは2004年に引退し、2012年に引退したトリップに引き渡す。CEOのラフリーは2009年に一旦辞任し、後任者が厳しい批判の中で辞任した後、2013年に戻り、その後デビット・ティラーが2015年から統率し、コスト削減計画を加速し、企業文化を再編成することを約束した。ただこれらの変化にもかかわらず、デザイン思考は成長した。2004年のゼロから、デザインネットワークは2008年までに100人のファシリテーターを持つまで成長し、2012年には350人になった。

【患者ケアのデザイン思考：メイヨー・クリニック・イノベーションセンター】
　2000年代初め、ミネソタ州ロチェスターのメイヨー・クリニックでは新し

いアプローチを検討していた。画期的な研究と患者ケアに対する深いコミットメントを賞賛された機関として、何人もの上級医師はケアの提供に十分な注意が払われていないと感じた。

何世紀にもわたる薬物、ワクチン、治療法および技術の大きな進歩にもかかわらず、患者と医師の間ではほとんど変化がなかった。技術的、社会的変化がこれまで以上に多くの情報と力を患者の手にもたらしたが、治療施設は本質的に変わらず、医者と患者の関係はまだ（医者から患者への）一方的な押し付けだった。図2.2に示すように、1954年に撮影された写真と2012年に撮影された写真では診察室のレイアウトや見た目、感じは本質的に変わらない[13]。

図2.2　1954年と2012年の診察室

出所：メイヨー医学教育研究財団の許可を得て使用。全著作権所有。

2002年、メイヨーの2人の上級医師、ニコラス・ラルッソ博士とマイケル・ブレナン博士が、見る（See）、計画（Plan）、行動（Act）、改良（Refine）、コミュニケーション（Communication）について頭文字をとってSPARCを立ち上げた。ブレナン曰く「私たちはメディカル研究と同様に、どのケアサービスが提供されるかというプロセスの研究にも着手できると考えた。だから私たちはケアサービスのプロセスの研究を行った。[14]」

医学部の廊下に設置されたSPARCには、患者ケアのイノベーションに関す

PART 1　組織におけるデザイン思考の枠組み（フレームワーク）

る緊密な連携を促進するために、医療専門家、ビジネス戦略担当者、デザイン思考家などが参加した。この構想は、内部資金と慈善支援によって資金提供された。最初の2年間でSPARCは20以上のプロジェクトを実施した。これらには、患者検査室、自動チェックイン機、糖尿病患者向けの新しい教育カードシステムのリデザインが含まれた。

　時間が過ぎ、他のイノベーション構想も導入され、SPARCはスタッフ常駐で整備された、患者ケアのデザインに焦点を当てたラボとしてのイノベーションセンター（CFI）に進化した。SPARCが静かに舞台裏に移る一方でCFIはメイヨーでの患者ケアの提供を改善するための公的で目に見える努力への移行を示した。

　あるプロジェクトでは、腎臓透析チーム（Renengering Dialysis：RED）が患者の透析経験をマッピングし、医療面と非医学面を考慮した統合ケアチームアプローチを開発した。終末期ケア医も含まれた。チームメンバーは患者や家族と共同作業の訓練を受け、患者への深い理解を持つ。CFIのデザイナーは、患者に役に立つ患者対応の教材も開発できた。

　このREDプロジェクトは非常に肯定的な結果を得た。入院患者と病院内透析が減った。患者、サービス提供者、ケアチームの満足度がすべて向上し、大幅なコスト削減も達成した。

　CFIは、世界中の医療従事者とデザイナーを集めたヘルスケアデザインの大規模な年次会議を開催するという重要かつ公共的な取り組みを行った。それでも、医療の世界に埋め込まれている懐疑的で「証明せよ」と迫る文化的課題は、その努力を妨げ続けてきた。

【政府サービスにおけるデザイン思考：マインドラボ】

　2000年代初め、デンマーク政府はマインドラボと呼ばれるユニットでデザイン思考を試みた。マインドラボは当初より、官僚主義を崩壊させることになっていた。創業者であるマイケル・B・ラスマセン（後に商務省のビジネス担当責任者）の言葉を借りれば、「手榴弾を投げるのと同じだった。」

第 2 章　デザイン思考の採用

　マインドラボの最初の目標は、省庁にて創造性と新しいアイデアを創出するための最適な条件を作り出すことだった。専属従業員 5 人を雇ったが、ラボ自身には政府を崩壊させる権限はなかった。しかし、マインドラボチームは、円滑化、チームビルディング、講演の主催、ポリシー開発のスキルを用いて、省庁内に対する創造的協力を通じて影響力を行使できた。

　グループは、プロセスレベルの変化、政策開発、組織開発の触媒になることを望んだ。その成果には、対応時間の短縮、アイデア実施時間の短縮化、省庁内創造力の向上などが含まれる。アーティスト／デザイナーのボッシュ＆フィオード氏による徹底的なインテリアデザイン…移動式家具、オレンジ色の枕、及び「ザ・マインド（ホワイトボードの壁を備えた 10㎡の楕円形のシンクタンクスペース）」は、その活動が日常的なルーティン化された業務とは異なることを示す一つの合図だった。

　国家労働災害委員会のあるプロジェクトは、個々の労災被災を経験した人々の実際経験のシステム化を探った。労災被災者のインタビューのビデオを作成することにより、マインドラボは、すべての被災者の事件処理経験のカスタマージャーニーを持つようになった。ビデオと患者のカスタマージャーニーは、顧客の視点からシステムがどのように表示されたかを、説得力を持って委員会に伝えた。異なるプロセスと結果を絵コンテで示すことで新アイデアを開発した。このプロジェクトの結果、委員会は被災者を扱うための処理手順に一連の変更を加えた。

　マインドラボはオープン性と学習力を重視している（図 2.3）。スタッフたち全員は、公共部門のイノベーション、学術的および専門的な研究の実施、記事の発表、世界中の会議での講演を実施してきた。政府が直面している課題の多くは国々で共通しているため、マインドラボはシステムの理解とその変更方法を深めることができた。

　時間経過とともに、マインドラボは「手榴弾」から、システム変更に対するより戦略的なアプローチに進化した。「あなたは外の世界に触れなければ、社会をリデザインすることはできない。」ラボのディレクター、クリスチャン・

51

バソンは、2014年に私にこう語った。「そこでできることは、複雑なシステム内で目的達成のための手段を見つける作業をすること、組織に対する針治療をするようなもの。つまり、あなたが望む方向に物事が起こるように実際に正しいポイントにプレッシャーをかけることである。」

図2.3　マインドラボのホームページ（http://mind-lab.dk/en/）

バソンは2015年にマインドラボを退職し、トマス・プレンが引き継いだ。プレンの下では、マインドラボは針治療から官僚主義への深い関与を経て、行動や文化の変化をもたらし、公共サービスの新たなビジョンを制定するプロジェクトに着手した。

　マインドラボは主にワークショップの世話人として小規模からスタートした。しかし、メイヨー・クリニックのように、すぐにこのアプローチの限界に直面した。そこで上級レベルの政府の全面的なサポートを受け、顧客中心のデザイン方法を公的サービスに適用し、後により深いレベルでシステムに影響を

第 2 章　デザイン思考の採用

与えるという活動を拡大した。

　これらの組織がそれぞれ独自の方法で、デザイン思考家と組織の距離から生じる緊張感、破壊的イノベーションの実行にあたって生じる緊張感と視野の違いによって生じる緊張感の 3 つに対処した。これらの課題に向かう前に、なぜ組織がカスタマージャーニーの作成に着手して開始したかを詳しく見よう。

組織がデザイン思考を実行する理由

　デザイン思考は単にイノベーションだけを目標とするものではなく、時には他の目標よりも優先順位が下になることに驚くかもしれない。これらの目標については、本書の最後で詳しく説明するが、今はデザイン思考を実行する方法が多く、組織がそのために着手する多くの理由があると言えよう。多くの組織にとってイノベーションは重要な目標だが、時には唯一なものではない。

【デザイン思考を実施する組織の目標】

　イノベーション：イノベーション、特に「破壊的な」イノベーションを促進する。

　内部の変化：考え方、視点、行動を変える。

　顧客経験：より良い経験を顧客に提供する。

　コラボレーション：社内チームワークの育成と縦割りの破壊。

　才能：創造性の高い人を引き付けて引き留める。

　システムの変更：組織や社会システムに根本的な変化をもたらす。

　ATO は、より顧客中心となることを切望した。戦略的な考え方は良かったが、税制の複雑さが逆効果と思われた。納税者は犯罪を犯す意図は無く、システムを使いこなすのが難しかったので脱税した。ATO 自身の納税者に対する強圧的な態度は、「できるなら逃げよう」という納税者文化を促進したため、逆効果だった。

53

PART 1　組織におけるデザイン思考の枠組み（フレームワーク）

　デザイナーは、「アウトサイドイン」という言葉を使用するが、これは、組織の外部の人々の視点から状況を見ることを意味する。これは、内部的な視点で問題を見ることを表す「インサイドアウト」とは異なる。ATOでは、「外部」にその視点を移したことは非常に劇的だった。著名な学者およびコンサルタントであるリチャード・ブキャナンはデザイン思考をATOに持ち込んだ。ブキャナンは約20人のATOスタッフにインタビューした際に、ATOのスタッフは皆、課税システムについて話す一方で、個々の納税者は必要な手順を踏んだだけでシステム全体の手順を経験していなかった、とコメントした。

　この時点まで、ATOは様々なタイプの納税者に対して異なる影響を及ぼすことよりも、戦略的にシステム全体を見ていた。ボディは「それは非常に重大な発言だった。なぜなら、「私たちは国のために全体的な運用を試みる」から「おそらく様々な人々のために慎重かつ意図的に納税手順をデザインすべきである。」にリフレーミングしなければいけない。」と私に語った。

　ATOの視点の転換は、納税者を丸めるような非個人的な観点から（ʼ納税単位ʼ として）、独自の問題に直面している個人、または個人のグループとして見たことである。これは根本的に異なる問題の見方である。

　一方、P&G社の目標は、グローバル競争の激化と技術シフトに対処することである。日本でデザインの力を見た後、2008年にラフリーが「我々が求めている急速な「有機」製品の成長にデザインの要素が欠けていると思い、デザイン思考のアプローチがP&G社の新たな可能性を開くと信じていた。」と記した[15]。

　ラフリーの関心は、大規模な変化が起こった環境に直面した巨大な企業の官僚主義の文化を、よりイノベーティブかつ迅速にすることだった。これは、デザイン機能を作用させるためには、トレーニング及び大規模な内部ネットワークの構築を通じて、デザイン思考の種をまく必要があることを意味する。

　これを実際に見るために、私はオハイオ州シンシナティのP&G社のクレイ・ストリートラボを訪れた。ダウンタウンの中心部に近い歴史的な労働者階級の町であるオーバーザラインにある旧醸造所に立地したのは、本社から離れる―

図 2.4　P&G 社の本部から離れた立地、1340 クレイストリート

逃げ出すという意味かもしれない——ことが意図された。この地域は以前、荒い土地柄だったが、現在は、新しいレンガや曇りガラスで巧みなリノベーションによる外側の舗道に時折まだ注射器が見つかるものの、秩序化された町の一部である。この施設の内部は、露出したレンガの壁、木の床、露出した配管が見える天井を備えた約 20m^2 の明るい部屋だった。中央には緑色のカーペット、半円の椅子、フリップチャート、大きな液晶画面があった。

　私のホスト、ホリー・オードリスコルは、私をシンシナティに暖かく歓迎した。オードリスコルは、チームが緊急の問題の解決を助け、他の世話人を訓練することによってデザインネットワークを広げる専門家の世話人、P&G 社のグローバルデザイン思考のリーダーである。私の考えでは、P&G 社でデザイン思考を具現化した彼女は、オープンで、献身的かつ積極的な人である。彼女は一般通念への挑戦を恐れず、チームにも同様のことを勧めている。彼女の説

PART 1　組織におけるデザイン思考の枠組み（フレームワーク）

明によれば、いわゆる「緑のカーペット」はワークショップの参加者がペナルティなしで彼らの考えを話せる「安全な空間」である。

私は、マーケティング、販売、研究開発、デザインの担当者を含む部門間協力グループの1つであるブランド・チームとのイノベーション・セッションに参加した。参加者の中には以前、デザイン思考ワークショップに参加していた人もいた。彼らは思慮深く、好奇心強く、オードリスコルの励ましを受け、創造的であった。少なくともこの部屋ではデザイン思考が機能していたようだった。P&G社はラフリーが想定していた横断的な文化的変化に近いかどうかは疑問だが、デザインネットワークが着実に拡大しているように進歩したかに見えた。

メイヨー・クリニックにとって、医療におけるこれまでの慣習の打破と新しい視点を得るためのデザイン思考導入の機は熟した。2009年の記事では、CFIの副社長アラン・ダンカンとデザイナー兼研究者のマーガレット・ブレスリンが次のように書いた。「米国の医療制度がほぼ普遍的に成果をあげていないことは明らかである。健康サービスの提供と支払いの現行制度には、ほとんど誰も満足していない。事実、最も権威的な医療品質批評家を信じれば、私たちが信頼してきたシステムが、より健康的に、長生きすることとまさに逆の状態を生み出していることがわかる。[16]」

CFIの使命は、「ヘルスケアの経験と提供を変革する」ことである。これを達成するために、具体的な「イノベーションプラットフォーム」に焦点を当てる。実践的リデザインプラットフォームでは、CFIが外来患者のコストを30％削減することを目指す。コミュニティ健康促進プラットフォームは、住民健康の改善、患者経験の向上、1人当たりコストの削減という「3つの狙い」モデルに基づく。「遠隔治療」プラットフォームは、医療サービスを十分に受けていない地域、専門医者以外の関係者との提携的実践、患者の家族など、伝統的な病院／クリニックの設定を超えて専門医療を拡張する持続可能なモデルを開発することを目指す。

CFIの活動の一部は、メイヨーでよりイノベーション的な文化を育成するこ

第 2 章　デザイン思考の採用

とである。そのため、CFI は、機関全体の共感する人たちとつながる多数の外部との協力プログラムを持つ。しかし、CFI が文化の変容を第一目標にしている、と考えるのは間違いである。科学的懐疑は医学に深く根ざしており、メイヨー・クリニックも、当然のことながらあらゆる医療施設と同じくリスク回避型である。したがって、P&G 社の経験とは異なり、現実的にメイヨーは重要な文化の変化を望んでいない。

　マインドラボは、デンマーク政府内で革命を起こすことを目指していたにもかかわらず、イノベーションの世話人としての地位を確立した。官僚機関の常として、デンマーク政府は複数の選挙区や利害関係者と向き合わなければならない。このようなシステム下では、コラボレーションが重要である。イノベーションを生み出すこと及びより大きなスケールで実行することである。マインドラボのモットーは、「助けよう、でも答えを与えたり代わりにやってあげることをしない」となった。公務員と同等な関係として働くことは、プロジェクトの実施部分に近づき、より大きな効果をもたらす可能性を意味した。

　しかし、マインドラボはシステム変更の際に重要な役割を担っていると感じる。それは、システム内のユーザーの声と文化変化の触媒となっている点である。ATO と同様、より広範に、公務員がよりイノベーション的な「外部」の視点を発見することを支援するために、文化的変化を促進する。

　あるプロジェクトでは、マインドラボは商務省と協力して、より「即応性」、つまり、変化に柔軟な対応ができるようになる戦略を立てた。皆は「即応性」

図 2.5　コペンハーゲンのマインドラボのスタジオ

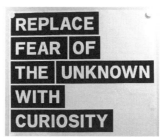

図2.6　コペンハーゲンのマインドラボのスタジオ

図2.7　マインドラボにおける「ザ・マインド」

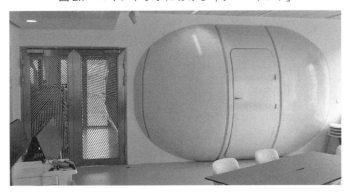

図2.8　「ザ・マインド」の中

というアイデアを気に入ったが、本当の意味は誰にも分からない。そこでクリスマスのアドベントカレンダーが省庁のスタッフに提供され、12月の毎日に公務員がアドベントカレンダー（キリスト教でクリスマスに近づく日数を数える西暦カレンダー。通常、カレンダーの各々の日には、甘いお菓子や小さなおもちゃを囲む窓があり、子供たちは窓を開いて中身を日々取ることでクリスマスまでの日数を数える。）の「窓」を開き、「即応性」を反映した望ましい行動の変化に関するメッセージを見つけるようにした。トマス・プレンはこう言った。「12月中には、皆が「即応性」探しで完全に夢中になっていった。12月が終わると、その多くのメッセージは消えたが、一部の言葉は自分達の中に確かに残った。」

マインドラボの施設は、官公庁よりもブティックデザインのスタジオに似ている。スペースは明るくカラフル、家具は可動式、オープンフロアである。一方の端では、思考に集中するための潜水艦の様な閉鎖空間を提供する。

マインドラボの役割は、いくつかのプロジェクトが政府機関を横断し、これらの異なる関係者を一つの統合的視点で根付かせる挑戦である。顧客は異なる部門組織の違いを理解しておらず、一貫した体験を期待するため、マインドラボは顧客中心のソリューションを見つけるために様々な省庁が参加する共同創造を促進する。

これらの組織はそれぞれのデザイン思考を採用する独自の理由があった。彼らは時間の試練に耐えたが、誰も劇的な、一晩での変化を経験していなかった。しかし、それぞれ、「デザイン思考家と組織の距離から生じる緊張感」、「破壊的イノベーションの実行にあたって生じる緊張感」、「視野の違いによって生じる緊張感」の3つに対処しなければならなかった。

組織におけるデザイン思考の3つの緊張感

問題解決の方法として、デザイン思考の適用は大きな組織にとって難しい。デザイン思考は元の質問に解答を準備する代わりにその質問に対する質問を投

PART 1　組織におけるデザイン思考の枠組み（フレームワーク）

げかける。それは破壊的な結果を生じることさえある。つまり不確実な結果に対して時間と資源を浪費することである。その結果の評価は難しい。それにより、実行しようとする試みの多くは既存の組織システム、文化とプロセスから反発を受ける。

挑戦的だが、ATO、P&G社、メイヨー・クリニック、デンマーク政府など多くの組織が成功を収めた。この章と次の章では、これらの組織がデザイン思考に直面した障害と、それを克服するために使用した戦略について詳しく見ていく。

デザイン思考プログラムが緊張感と併存する。生き残って前進するために、彼らは日常的に緊張感を管理する。妥協ではなく、それをナビゲートする方法を見つける。私の研究では、3つの特別な緊張感が存在することがわかった。デザイン思考家と組織の距離から生じる緊張感、破壊的イノベーションの実行にあたって生じる緊張感、そして視野の違いによって生じる緊張感である。

まず、デザイン思考家と組織の距離から生じる緊張感について述べていく。私が遭遇したすべての成功したデザイン思考の取り組みに、インタビューの対象者が「エアカバー（防御）」と呼ぶものを持っていた。組織のトップからの明確で一貫したサポートである。しかし、そのような明白なサポートがあっても、イノベーションは、確立された組織文化に直面した場合に吹き飛ばされてしまうことがある。

成功した多くの組織は、できるだけ迅速かつ効率的な方法で明確な目標を達成するために構築された「実行」の機構である。イノベーションはあいまいで不明確な問題を扱うが、製造、資金調達、人的資源の日常業務におけるあいまいさは有毒である可能性がある。見直しや試行錯誤、創造的思考は、デザイン会社やコンサルタントにとって問題ないかもしれないが、製造工場を運営しようとしたり、航空機を地面から離陸させようとすると、有用にならず、悲惨な結果になる。

この違いは、CFIの医者の制服、及び患者が有能な専門家にケアされていると、自信を持ちながら安心させるようにデザインされていた患者へのアドバイ

60

ス方法で特に顕著である。CFI のデザインチームメンバーは、気楽な服装を身に着け、あまりフォーマルではない。彼らの態度は、医療チームとの違いを伝えた。

それに応じて、イノベーションプログラムの周りに物理的または見えない壁を構築する誘惑が生じる。例えば、一部の組織は、ラボを現場から離れた場所に移動する。しかし、イノベーターが組織から隔離された結果、異なる言語を話し、異なる着こなしなど、行動が違ってくるということはリスクとなる。最終的に互いの関係疎遠につながる可能性がある。イノベーションプログラムを継続するためには、組織のリソースだけでなく、トップからだけでなく、ボトムアップ的な草の根からの情報や精神的な支えへのアクセスも必要である。

これが最初の緊張感である。デザイン思考プログラムは、組織との徹底的な関係を保ちながら、組織からの独立性を維持する必要がある。彼らは外と内、トップダウンとボトムアップを同時に行う必要がある。

第二の問題は破壊に対する抵抗である。「破壊的イノベーションの実行にあたって生じる緊張感」はビジネスにおいて、また NPO でさえも流行語となっている。技術、人口統計、社会的行動の混乱的な傾向は、それに対応する製品やサービスの必要性を生み出す。このような対応を念頭において、イノベーションの取り組みを構築することはよくある。

しかし、デザイン思考プログラムを確立しても、破壊的イノベーションは容易ではない。他方、デザイン思考は、組織の製品やサービスを支えるという核心的前提に立ち戻ることである。それは、組織やユーザーでさえ認識していない隠れた問題を特定するための「問題発見」を伴う。抽象的な作業に取り組む意欲を必要とし、しかも時間がかかる。

一方、どの組織のイノベーターも、現実の制約から生じる期限や予算内で作業する必要がある。多くの人は、短期間の成果を示すために、現行製品を調整し、既存のやり方のバリエーションを試して、「漸進的」なプロジェクトに取り組む。問題は、この活動は継続しやすいものの、当初に設定された破壊的なイノベーションからは脱線する。プログラムが成功すればするほど、作業量は

PART 1　組織におけるデザイン思考の枠組み（フレームワーク）

増加する。

　ATOは、組織全体でデザイン思考を「種まき」することを好み、別個の場所を設けなかった。ジョン・ボディが語ったように、当初の目的はプログラムを予算削減圧力から覆い隠すことだったが、実質的に漸増する部門ニーズにイノベーションを根付かせる効果があった。そのうち、上級管理職は税法自体をリデザインする破壊的な仕事に取り組んだ。

　デザイン思考プログラムは、支えてくれた組織に不利であっても、結果を出す必要がある。デザイン思考家は、漸進的かつ破壊的でありながら、組織の主な思い込みに疑問を抱くことで組織を活気づける。

　デザイン思考に取り組むもう一つの理由は、顧客の視点を組織に持ち込むことである。組織を利用者（または顧客）に近づけるための強力な推進力になる可能性がある。これは第3の、視野の違いによって生じる緊張感を生み出す。

　デザイン思考家は、個々のユーザーの経験を軸とした製品とサービスを開発する。しかし、イノベーションはユーザーに関わるだけでなく、複数の異なるシステムを活用しながら、関連製品やサービス、関連活動や経験、社会システムや環境システムへの影響などを考慮しなければならない。さらに、組織のエコシステムには、技術サポート、ロジスティクス、プラントの試運転、ディーラーとの関係などがすべて含まれる。

　デザイン思考家は、個々の顧客の視点及びとシステム全体の視点を同時にとらえなければならない。

　「官僚制による縦割りの組織を破壊しよう」という意図に対し、マインドラボは、多くのアイデアが実現する途中に消沈してしまったことに気付いた。そこで、組織の世話人を実行プロセスに組み込み、必要に応じてアイデアを組織システムに組み込んで適合させ、変更してきた。

　大規模な組織のデザイン思考家となるためには、逆説に慣れ、人間関係を育成し、やっかいな問題について微妙な交渉を行う。デザイン思考家は、顧客中心とシステム中心の両方において、製品や顧客の世界の両方の組織体制やその仕組みを把握する必要があり、実行プロセスに参加する準備ができている必要

がある。

「デザイン思考」という言葉にまつわる私自身の緊張感は、究極的には用語の定義にこだわらず、本質に焦点を当てることによって解決された。私が例として挙げた組織において、3つの緊張感は簡単に解決されてはいない。彼らはこうした課題を日々抱えているが、それを解決するための唯一かつ決定的な方法はなく、他人がそこから学べるような多くの実践を発展させることが最良の策である。

【注】

1 ロジャー・マーティンと私の共同論文が私の見解を示している。David Dunne and Roger Martin, "Design Thinking and How It Will Change Management Education: An Interview and Discussion," *Academy of Management Learning & Education* 5, no. 4 (2006): 512–23.

2 See, for example, Vijay Kumar, *101 Design Methods* (Hoboken, NJ: John Wiley & Sons, 2013).

3 Jimmy Guterman, "How to Become a Better Manager ... By Thinking Like a Designer," *MIT Sloan Management Review* 50, 4 (2009): 39–42.

4 Bruce Nussbaum, "Design Thinking Is a Failed Experiment. So What's Next?" Co. Design, 5 April 2011. http://www.fastcodesign.com/1663558/design-thinking-is-a-failed-experiment-so-whats-next. Retrieved 18 July2016.

5 Petra Badke-Schaub, Norbert Roozenburg, and Carlos Cardoso, "Design Thinking: A Paradigm on Its Way from Dilution to Meaninglessness?" in *DTRS8: Interpreting Design Thinking: Proceedings of the 8th Design Thinking Research Symposium*, eds. Kees Dorst, Susan Stewart, Ilka Staudinger, Bec Paton, and Andy Dong (Sydney, Australia: DAB Documents, 2010), 39–49.

6 Brian Ling, "Design Thinking Is Killing Creativity," Design Sojourn, 31March 2010. http://designsojourn.com/design-thinking-is-killing-creativity/. Retrieved 23 May 2018.

7 Jeffrey Tjendra, "Why Design Thinking Will Fail," Innovation Excellence, 2013. http://innovationexcellence.com/blog/2013/02/25/why-designthinking-will-fail/. Retrieved 22 July 2016.

8 Donald Norman, "Design Thinking: A Useful Myth," Core 77, 25 June 2010. http://www.core77.com/posts/16790/design-thinking-a-usefulmyth-16790. Retrieved 18 July 2016.

PART 1 組織におけるデザイン思考の枠組み（フレームワーク）

9　Lucy Kimbell, "Rethinking Design Thinking: Part 1," *Design and Culture* 3, no. 3 (2011): 285–306.

10　Fred Collopy, "Lessons Learned: Why the Failure of Systems Thinking Should Inform the Future of Design Thinking," Fast Company Design, 7 June 2009. https://www.fastcompany.com/1291598/lessons-learnedwhy-failure-systems-thinking-should-2inform-future-design-thinking. Retrieved 22 May 2018.

11　Karen Hershenson, clay street external update, 2015. http://claystreet.net/wp-content/uploads/2015/06/clay-street-external-update-Jan-2015.pdf. Downloaded 17 October 2017. *Note*: This content was removed after P&G was contacted.

12　Ibid.

13　Kerry Bodine, "Design: Because Great Customer Experiences Don't Happen by Accident," Forrester, 30 July 2012. http://blogs.forrester.com/kerry_bodine/12-07-30-design_because_great_customer_experiences_dont_happen_by_accident. Retrieved 22 May 2018.

14　Yale School of Management, "Founding of SPARC," Design and Social Enterprise Case Series, Case Study #09-034 2010, published 23 November 2010, updated 29 June 2016. http://vol10.cases.som.yale.edu/designmayo/founding-sparc/founding-sparc. Accessed 9 July 2016.

15　Alan G. Lafley and Ram Charan, *The Game Changer: How You Can Drive Revenue and Profit Growth with Innovation* (New York: Crown Business/Random House, 2008), 105.

16　Alan Duncan and Margaret Breslin, "Innovating Health Care Delivery: The Design of Health Services," *Journal of Business Strategy* 30, no. 2/3 (2009): 13–20.

PART 2 3つの緊張感

第3章
デザイン思考家と組織の距離から生じる緊張感

言葉の重要性

　デザイナーと医師は異なるものを探し、結果を別々に測定する。メイヨー・クリニック・イノベーションセンター（CFI）の共同設立者であるニコラス・ラルッソ博士はこう語る。「私たちがメイヨー・クリニック全体で使用する指標は、必ずしもメイヨー・クリニック・イノベーション・センターでやろうとしていることに役立つものではない。」文法上の些細な違いがこの差異を象徴していた。

　ケンブリッジ辞典には、「Experiment（実験ないし試み）」という単語の定義は2つある。

　［動詞］何かを発見したり、あるいはもっと知るために何かを試すこと。
　［名詞］何かを学ぶか、あるいはどう機能するかもしくは真実を発見するために行われるテスト。

　動詞と名詞の間に誤解を招く隔たりがある。メイヨーのデザイナーたちにとっては、「エクスペリメント」は動詞で、何かを試してみるという単純明快なものだった。これは、一度に1つまたは複数のことを変更する形式ばらないプロセスである。探求しようとすることさえ前もってわからないだろう。プロセスまたはテストした結果で最初の結論を変更することもできる。結果として生じるのはストーリー、観察、洞察力である。

　医師は科学的方法に基づいて名詞の観点から考える傾向があった。実験ないし試みは仮説主導で絶対的真実を探る。一度に1つの変数を変更し、「コント

PART 2　3つの緊張感

ロール」された条件の中で「テスト」して比較する。出発点は変化が影響を及ぼさなかったという帰無仮説であり、帰無仮説を棄却するための統計的に有意な実証結果を探索した。

違いは言葉以上のものである。どちらかが真実とみなされるからである。誰もが患者のニーズに応えるという、究極的には同じ目標を持つが、デザイナーと医師は異なる目標、アプローチ、そして異なる形式のデータを受け入れていた。

服装、態度、行為にもデザイナーと医療スタッフの間には、目立つような違いがあった。医師の一人は、この違いを次のように指摘した。「デザイナーは創造的な人間のように着こなし、我々医師は保守的な服装に身を包む。彼らの外観はより多様でかつ創造的であり、メイヨー・クリニックの服装規定に従っていないからである。彼らが来ると、人々を不安にさせる[1]。」

これらの違いは、氷山の一角である。問題への標準的なアプローチとは異なるスタンスを取れるというデザイン思考の強みは、多くの組織文化にとって弱みにもなりうる。それは差異が疑いを生じさせるからである。結局のところ、これは組織の中における文化的孤立につながる可能性がある。しかし、逆にメインストリームに近づきすぎるという課題もある。デザイン思考家は、官僚文化に同化することによってイノベーションを生み出す力を失う危険がある。

私と話をしたデザイン思考家にとってデザイン思考家と組織の距離から生じる緊張感は常に存在する。次のセクションでは、組織内を歩き渡るデザイン思考家について説明する。あまりにも違いすぎれば、捨てられたり無視されたりする危険がある。逆にあまりにも似すぎていれば、デザイン思考家は存在理由を失う。それにもかかわらず、組織はそれぞれ異なり、絶え間なく変化もしているため、常にすべての人にとって機能する「幸福な折衷案」は存在しない。

それは難しい問題だが、組織デザイン思考プログラムの中には、緊張感（優れたデザイン思考家がするように試行錯誤を通じて）を扱う方法がある。主流の文化との違いを活用する。この章の最後の2つのセクションでは、「デザイン思考家と組織の距離から生じる緊張感」をマネジメントし、リフレーミングするための戦略について説明する。

68

違いを考えよう

デザイン思考家は他の組織とは違った考え方をする。それが彼らに新しいアイデアをもたらす能力である。しかし、彼らは本当にどこまで違うのか？

新しい思考を進化させるためにデザイン思考家は、組織外の世界と絶えずつながると同時に、組織内部にこの思考を持ち込む必要がある。一方で、組織から疎外されるリスク、他方外部では、組織に同化されるリスクを持つ。

デザイン思考家は、通常、外界とつながり、自分らを取り巻く環境を常にスキャンするために労をいとわない。これを行う方法の1つは、他の組織とのつながりである。

一部の企業、P&G社やファイザー社のように、サプライヤーや競合他社との関係を持ち、興味深いアイデアやパートナーシップを発揮する場合もある。その他、オンタリオ州ウォータールーに本社を置き、従業員1,000人を超えるテクノロジー企業のイノベーションコミュニティであるコミュニテック社のように、イノベーションエコシステムに参加する企業もある。またはデザイン業界のIDEO CoLabのように、新しいテクノロジーの影響を理解するためにさ

図3.1　オンタリオ州ウォータールーにあるコミュニテック社のハブ

出所：コミュニテック社のメガン・トンプソンより

まざまな業界の顧客とのつながりを促進する。

　コミュニテック社やCoLabのようなグループは、萌芽期のアイデアを自由に議論し、育成できる環境を提供する。マインドラボのような公共部門組織とメイヨー・クリニックのような非営利組織は、協議会を利用して、彼らの思考を刺激する他のイノベーターに会わせる。

　このようなつながりは、日々管理された日常のプレッシャーを克服し、アイデアや問題へのアプローチを発見し、新しいアイデアを保護するための重要な方法である。こうした組織は、デザイン思考家の興味深い質問から始まり、組織の枠内で空想として却下されるかもしれないオープンな議論に従事することを可能にする。

　しかし、限界はある。デザイン思考家は組織から容易に疎外されることがある。「彼らはカウボーイやカウガールになれず、彼らが望むことは何もできない」と、コミュニテック社のコーポレート・イノベーション・ディレクター、クレイグ・ヘイニーは私にこう語った。

　ヘイニーはグットライフ・フィットネスで働き、後にパーソナル・エッジ・トレーニング会社を設立した。彼はかつてコミュニテック社に現れ、「フィットネスやトレーニング機器の扱いは自分の得意分野であり、テクノロジー企業にこれらのフィットネスと健康の考えを売ろうとした。」それがコミュニテック社に籍を置くきっかけとなった。

イノベーションの歩み：クレイグ・ヘイニー

　オンタリオ州ウォータールーにあるコミュニテック社を訪れ、クレイグに会った。彼は過去5年間、カナダでの企業イノベーションの責任を担っていた。

　ウォータールー大学大学院ビジネス、起業家精神および技術コース（MBET）修士卒業、以前はカナディアンタイヤ社の技術イノベーションの世話人だったが、彼はコミュニテッ

第3章　デザイン思考家と組織の距離から生じる緊張感

ク社のコーポレート・イノベーション・プログラムの縁の下の力持ちになった。このプログラムは、大規模で非技術的な企業をスタートアップテクノロジーのエコシステムに結びつけ、より迅速でよりイノベーション的なものになるよう支援する。彼はコミュニテック社において、企業横断的な事業に直接従事していたため、このインタビューでは、組織全体のイノベーションで発生する共通の問題についての深い理解が反映された。

今日、ヘイニーはまだ40代という年齢に相応しく、イノベーションラボについて少し異なる見解を持つ。一方で、イノベーションチームを「外部化」しなければならない。物理的に組織を4面の壁に囲まれても、異なる文化空間を持つ必要がある、と述べた。

私がそのことを聞いて、メイヨー・クリニック・センターでのイノベーションに関する研究のことを思い出した。そのスタジオは、メイヨー複合建物の中心にあるゴンダビルにある。一方の端にある二重ドアを通して、リウマチ学科がある。しかし、CFIのスタジオスペースは、文化的価値観の異なるセットを見せた。非公式で明るくカラフルなガラス張りの会議室は、病院でいつも見る光景ではなく、思考や創作活動のための空間を提供した。それがポイントだった。CFIは文化の中の異文化であった。

一方、ヘイニーは私に言った。あまりにも独特であることを望んでいない。ラボは組織の産物である。組織を変えるつもりはなく、折衷点を探す。「あなたは独立でも、自費での運営でもなく、組織によって資金提供を受けている。よって、ラボが生き残るためには、その運営者が自覚を持ち、組織が何を必要とするかを知っておかなければならない。」

無論、組織に近すぎると危険性を伴う。内部から組織に影響を与えられるが、支配的な文化に囲まれた場合、独自性の保持が難しい。

以下は、カナダテレコム社（以下、TELUS社）のサービスデザインチームの挑戦である。私がトロントを訪問したときに議論してくれた。デザインとビジネスのバックグラウンドを持つ10名の専属スタッフとして、彼らは仕事に

PART 2　3つの緊張感

図 3.2　イノベーションのための CFI

注：メイヨー医学教育研究財団の許可を得て使用。

情熱を持ち、着実に TELUS 社の中で自分達の居場所を見つけた。私は彼らと一緒に朝を過ごし、会社の歴史とその関係をたどった。

　ジュディ・メレット（サービス戦略及びデザインのディレクター）のリーダーシップの下で気持ち良い冗談を言い合いながら、互いの疑問を解決させるなど、一緒に働くことが好きな親密なチームである。チームは当初、デザイン思考への理解がほとんどなかった組織内に居場所を切り開くことに成功した。一緒にいる間、彼らはうまくいっていると感じた。彼らは製品チームの関心を引き出し、デザイン思考に関する多くの社内ワークショップを運営し、話題を作った。彼らはそれを TELUS 社内に定着したと信じた。

　チームのデザイン責任者であるマーカス・グラップは、「我々は現場の外にいるのではない」と述べた。「我々は組織にすっかり定着している。私たちは、組織全体にデザイン思考をもたらした。それができた理由の一つは、他のチームがいる場所に我々も同居していることである。」

　しかし、メレットはより慎重だった。「私たちが構築したすべてのきっかけ

は、まだ壊れやすい状態にあると思う」と彼女は言った。訪れた他のほとんどのラボと異なり、チームはまだ安定した場所を持たず、しかも具体的な成果を示すよう常に求められる。メレットは「人々はそれについて話し、これが話題となる。私たちはプロジェクトの煙突である。しかし、我々は大きな権威を持っているわけではないけれども、我々が構築したものは組織内に広がり、大きな影響力を持つ。」と述べた。

ラボが組織構造を変えないという TELUS 社の経験とヘイニーの主張は別として、私が話したデザイン思考のラボの多くは、組織の文化を内部から変えるという明らかな目的を持って設立された。ATO、P&G 社、マインドラボはそうだった。先に見たように、マインドラボの創設ディレクターは官僚制による縦割りの組織を破壊したいと思った。マインドラボが成熟するにつれ、省庁内で文化的、行動的な変化をもたらすプロジェクトが行われた。

デザイン思考家は外側と内側から組織を見なければならない。彼らは組織文化との距離を維持する必要はあるが、影響力を持つには、組織の文化と密接な関係を必要とする。維持するには難しいバランスが必要である。

なぜデザイン思考家と組織の距離から生じる緊張感は発生するのか

デザイン思考家と組織の距離から生じる緊張感は、主に２つの理由から発生する。第一、しばしばデザイン思考に逆行し、日々のビジネスのプレッシャーが存在する。第二、デザインの考え方と問題へのアプローチは、大規模な組織文化とは明らかに異なり、この違いから主流の文化とぶつかる可能性がある。ラボが本社から離れている場合、その違いがさらに際立つ。

第２章で見たように、デザイン思考の取り組みはイノベーション以上のものだが、しばしば深いレベルで組織文化の変化をもたらす方向に動く。実際には、この組織文化の変化の実現は難しいかもしれない。

ATO など、場合によっては、文化的な変化は、ユーザーに対する共感を多く作り出す。P&G 社のように、より革新的で反応の早い組織となる。

当初、P&G 社はデザインアプローチの正当性の確立に努めた。グローバル・デザイン・シンキングの元ディレクターのシンディ・トリップは、いくつかの初期の抵抗を思い起こした。「人々にデザインを少し啓蒙しておくと、彼らはこれが厳密なプロセスだと理解する。」数年後、P&G 社は人々をデザイン思考に触れさせることに加えて、ホリー・オードリスコルにとっては、マインドセットの転換を創出するためのデザイン思考の信奉者の内部ネットワークを構築することが今の挑戦である。この中で、彼女は消費財メーカーが日々のビジネスで直面する現実のプレッシャーに注目している。

グローバル製薬会社のファイザー社のデア・トゥ・トライプログラムは、内部的なイノベーション能力と文化を構築するための一部として開発された。このプログラムには、「外部の考え方を取り入れ、人々を奮い立たせ、やる気を起こさせるために」、「ファイザー社が支援しようとしている組織文化のデモンストレーション」としての主要な年次総会が含まれているとファイザー社のアクセス戦略担当副社長ウェンディ・メイヤーが私に教えてくれた。

世界的なイノベーションリーダー：ウェンディ・メイヤー

ウェンディ・メイヤーは、ファイザー社のアクセス戦略を担当する副社長である。彼女は MBA の保持者及び元経営コンサルタントで、ファイザー社のイノベーションビジネス戦略を担当する。彼女はファイザー社で20年のキャリアを持ち、世界規模でイノベーションチームのリーダーシップをとってきた。彼女は医療業界で働く「女性の代表」と認められ、デジタルヘルスの促進者である Pulse @ MassChallenge のアドバイザーに就任し、AWIS（科学の女性協会）の理事でもある。

彼女は大手製薬会社のイノベーションの課題についてのインタビューで非常に率直なコメントを残しており、この取り組みはファイザー社の思考

第3章　デザイン思考家と組織の距離から生じる緊張感

> と戦略に顕著なシフトを生じさせた。

　しかし、デザイン思考家は、そのような文化的変化を困難にする日々のプレッシャーに直面する。メイヤーによれば、ファイザー社は四半期ごとの収益に対するプレッシャーが内部活動に影響し、限られた時間と予算しかデザイン活動に投資できなかった。ベンチマークが四半期ごとの結果である場合、成果を出すのに時間がかかるイノベーション活動のために貴重な時間と資源を費やすことは困難かもしれない。

　その上、デザイン思考のアプローチ特有の性質が組織になじまない可能性がある。第1章では、デザイン思考がやっかいな問題にどのように対処するかを見てきた。しかし、試行錯誤しながら素朴にやっかいな問題に向き合う性質は、デザイン思考家を組織の他の部分から疎外させる可能性がある。

　「やっかいな問題」という言葉は、確かに経営陣から共感を得られ、しかも正当な理由となる。明らかに簡単なイノベーションプロジェクト、例えば安全な自動車をデザインすることは、コスト、価格、顧客の望ましさに大きな影響を及ぼす可能性があり、このような困難が克服されても安全性は依然として相対的な用語である。安全といってもどれくらいが安全なのか？デザインが成功すれば、自社の古い製品に取って代わる新製品の導入によって引き起こされる販売損失や業界標準の変更など、意図しない結果が生じる可能性を招く[2]。このような問題がイノベーションをやっかいな問題にしている。最大の課題は解決策を見つけるではなく、問題は何であるかを決めることである。

　やっかいなイノベーション問題に対し、与えられた問題を解決するのではなく、解決すべき正しい問題を定義するアプローチが必要である。デザイン思考家はこれを問題発見と呼ぶか、あるいは問題の領域をフレーム化するか、それは試行錯誤しながら生まれる。優れたデザインチームは、広義的な視点から安全な自動車の問題だけでなく、技術的および市場的問題とともに、顧客のニーズを根本的に探求し、物事を試し、図面ボードに戻って、もう一度やり直す。

　ほとんどの組織はまったく異なる方法で働く。異なる活動は、時計の一部の

PART 2 3つの緊張感

ように、相互に依存しながら機能し、同時に動かなければならない。それぞれの部門は、他の部門が何をしているのかを理解する必要がある。曖昧さによる原因で作業の遅れを生じ、限られた時間での問題解決に試行錯誤による挫折が生じる。

コミュニケーションの疎遠化は、組織の他部門からの焦燥感をもたらし、短期的な結果の要求はデザイン思考家にプレッシャーをかけることになる。デザイン思考家はトップマネジメントから、ヘイニーが「エアカバー」と呼ぶものを与えてもらう必要がある。マニュライフの RED ラボのディレクター、ロッキー・ジャインによれば、「本当に正直に言わせてもらうと、経営幹部のリーダーシップからの信頼は必要であり、これが正しいと念頭に置いて、私たちは正当な理由でそれをやっているが、それには時間がかかる。したがって、私たちはエネルギーと努力を惜しまないが、成功のためには十分な時間が必要だ。」

立地は組織を苛立たせる要因にもなりうる。イノベーションラボを外部にする理由は十分にあるが、コストがかかる。

ウォータールーにあるコミュニテック社の「ハブ」は、50,000 平方フィートの改装された元なめし革工場であり、新興企業、グローバルブランド、政府機関、学術機関、技術インキュベーターと投資促進者など、多様なイノベーターを収容するために近代化されている。各クライアントには独自のイノベーションスペースがあり、平均的な会議室より若干大きく、共有テーブルとラテバーが近くに設置される。このようなアイデアの結果として、テクノロジーの新興企業、メディア企業、保険会社、銀行家、研究者はここで出会うことになる。

カナディアンタイヤ社はコミュニテック社の主要メンバーである。そのラボには 3 つの目標がある。最高の人材を引き付ける― Google 社と Facebook 社にいるような「外部の人間を雇う」。デジタルインフラストラクチャの改善を行う。そして、組織全体のイノベーションの触媒としての役割を果たす。カナディアンタイヤ社・イノベーションズのマネジャー、ブランドン・リデルは、「会社の他の連中は私たちが取り組んでいるいくつかのプロジェクトについて、非常に興奮している。」と語った。

76

コミュニテック社にいることは、カナディアンタイヤ社がITコミュニティに近づく助けを行うのみならず、イノベーションのための環境を育てることにもつながる。「イノベーションに取り組み創造的になる」と彼が手始めに言われたにもかかわらず、「自分たちとホームオフィスの間で『大いなる溝』がある。」とリデルが認めた。

しかし、本社から2時間離れたことは良いものの、組織全体のイノベーションを促進することを難しくさせる可能性がある。「それは非常に難しい」とリデルは言った。「本社スタッフがここに来ると「このようにすべきです。これは素晴らしい。私たちはすべての仕事をしなければならない」という。しかし、彼らの多くが帰ったらすぐに本社で起こるプロセスと基準に飲み込まれてしまう。コミュニテック社のラボで働く人たちは、異なるルールで働く「変わり者（狂ったカウボーイズ）」である。」

もちろん、メイヨー・クリニックのCFIが発見したように、組織文化との距離は実際の距離だけではない。マインドラボとP&G社のデザインラボは物理的に本社から徒歩圏内にあるが、レイアウトやインテリアは企業に見合わない創造的な空間である。このせいでデザイン思考家がどうやら異星人と見なされ、非適合者として憤慨されることさえある。

つまり短期間の結果を求めるプレッシャー、デザイン思考の試行錯誤の性質と物理的距離など、一連の挑戦に対し、常に同化と疎外化という相異するリスクが付き纏う。これらの存在は、デザイン思考プログラムに大きな影響を与える可能性がある。

デザイン思考家と組織の距離から生じる緊張感のインパクト

デザイン思考の継続と組織に対する影響は、デザイン思考家と組織の距離から生じる緊張感をどの程度うまく処理するかによって決まる。一方で、支配的な文化からの除外は、非主流的活動としてイノベーションの結果が低く評価される可能性につながる。もう一方で、デザイン思考家は支配的な文化に圧倒さ

PART 2　3つの緊張感

れ、新しいアイデアを生み出せなくなる。どちらの場合でも、リスクはプログラムの影響だけでなく、その信頼性、そして最終的には予算と運営に関する自由に関わる。

ジェス・ロバーツは、組織におけるデザイン思考の頻繁な失敗を明白に示している。ミネアポリスのアリーナヘルスのデザイン戦略の主席担当者、ミネソタデザイン大学の元教授ロバーツにとって、デザイン思考は展開されるにつれ、破られた約束となる[3]。漸進的な改善だけをもたらし、時には組織にとって有害だとインタビュー時に私に言った。

ロバーツ曰く、「デザインは、一般的にはコンサルタントが用いるモデルであり、組織の実際の運営方法にはほとんど影響を与えない。または、組織が存在している時には、組織の主流ではない場所に存在する内部コンサルタント用のものである。」

私と話した組織の多くはこの挑戦に遭遇し、期待を調整しなければならなかった。マインドラボは官僚文化に大きな影響を与えることを願ったが、目標を達成することは予想以上に困難だとわかった。マインドラボは、2002年の立ち上げ時に5人で構成され、本質的にワークショップのファシリテーターである「イノベーション触媒」だった。マインドラボチームは創造的な促進、チームの構築、ホスティング、ポリシー開発のスキルを持って、省庁内の創造的な協力を通じて影響力を発揮し、変化の触媒になることを望んだ。その切望された成果には省庁内の対応時間の短縮、アイデア実施時間の短縮、創造力の向上が含まれる。

しかし、2006年までマインドラボは官僚文化を根本的に変えなかった。「活動は表面的であり、深刻な影響を与えるには短期間すぎる」とクリスチャン・バソン元取締役は私に語った。「フォローアップが十分ではなく、顧客の視点に欠けた。時間が経つと経験が生まれたが、体系的ではない。」このインパクトの欠如は、マインドラボのミッションの根本的な再考をもたらした。最初は2007年、そして2011年に再度行った。バソンの言葉で、「同僚と協力して新しい文化や新しい行動をモデル化する」ことだった。

バソンの後継者トマス・プレンのもとで、マインドラボは文化を変える熱望を倍増させた。プレンは、「イノベーションは通常の公務員の仕事の範囲内にあるべきであり、そうすべきである」と述べた。最近、マインドラボは官僚文化を変えるため、行動のモデリング化をやめないものの、プロジェクトについてクライアントの省庁と定期的に作業を行っている。

非主流の企業文化は不安定であり、トップからのサポートに対する批判もある。ラフリーの熱心なサポートにより、P&G 社はデザイン思考を力強く推し進めたが、2010 年のラフリー氏の引退、2012 年のシンディ・トリップの引退でリーダーシップが変化し、デザイン思考が停滞し始める。

しかし、幸運に恵まれた。2013 年に復帰したラフリーは、2015 年の授賞式で、認知科学、包括性、デザイン思考の 3 つの重要な側面を挙げてスピーチを行った。

> 「デザイン思考」は、創造的で批判的な思考を適用して複雑なビジネスチャンスや問題を解決する創造的なインスピレーション、モデリング、ビジュアライゼーション、そして多様な意見・考え方を取り入れている。…私たちが認知科学や、包括的かつデザイン的な思考によって提供される可能性を引き続き探求すれば、私たちの組織がもっと進歩とさらなる可能性を持つと信じる[4]。

同じ時期、ロットマン・スクール・オブ・マネジメントのディレクターであるロジャー・マーティンは、P&G 社のエグゼクティブリーダーチームとの一連の統合的な思考 / デザイン思考セッションを実行した。2015 年 9 月、『ハーバード・ビジネス・レビュー』はデザイン思考に焦点を当てた特別号を発行した[5]。P&G 社の人々はこれらのイベントを見て、デザイン思考が復活したと気づいた。

それは、P&G 社のデザイン思考家にとっては幸運であった。しかしそこから得られる教訓は、組織の敵対的な力に対しデザイン思考は非常に脆弱である

PART 2 ３つの緊張感

ということだ。トップレベルのサポートは保護を提供できるが、必然的なリーダーシップの変更は、このようなサポートが続かないことを意味する。デザイン思考家と組織の距離から生じる緊張感をマネジメントする必要がある。

デザイン思考家と組織の距離から生じる緊張感のマネジメント

　大まかに言えば、デザイン思考家は、トップからのサポート、組織を通してのデザイン思考の配信、ビジネスユニットへの価値の論証、という３つの方法で、デザイン思考家と組織の距離から生じる緊張感をマネジメントする。

　私がインタビューしたすべての組織は例外なく、まずデザイン思考家と組織の距離から生じる緊張感をマネジメントするには、最初から強いトップレベルのサポートが必要だと話した。この本の４つのケースのうち３つ（ATO、P&G社、マインドラボ）では、CEO または上級官僚が取り組みの開始に役立った。４番目のCFIでは、中心人物は医学部部長という肩書を持ち、諮問委員会のメンバーであるため、「ドクターナンバーワン」とも呼ばれた。

　マインドラボの出発点は、イノベーションの重要性を見い出した上級官僚である、商務省の事務次官の発案だった。「事務次官は相当に過激な人物だった…彼が考えた経営とリーダーシップについてはかなり混乱している」とバソンは述べた。「彼はまた、いくつかのビジネス・スクールに従事しており、彼に異議を唱えた学部長や教授たちに問うた。「民間企業にイノベーションを説くなら、あなたはどのようにイノベーションをしたのか？省庁のイノベーションにどのように関わり、イノベーションは省庁のどこに根付いたか？」」。イノベーションはどこにも根付いていなかったのである。

　ほとんどの人にとって、トップからのサポートは徐々に明確で持続的となる。しかし、それに制限もある。TELUS社のジュディ・メレットは言った。「副社長が私に１年を与えよう、と言った。」私が訪れた時にプログラムはすでに４年間稼働し、プロジェクト作業の内部需要は大幅に増えた。

　我々が見てきたように、リーダーシップが変化するのは避けられないため、

第3章　デザイン思考家と組織の距離から生じる緊張感

トップレベルのサポートは行けるところまで導くものの、しばしば持続できない。先に見たように、ラフリーの公式声明は、P&G社のデザイン思考プログラムの救済に役立った。しかしこのレベルでのサポートは一般的ではなかった。また、クレイグ・ヘイニーの見解では、それは必要ではない。「責任を持ち、進んで自分の身を危険にさらしながら、"このラボは重要だ"と言ってくれる人を必要とする。間違いなく、その人は経営管理階層の人物である必要がある。…しかし、そのCEOたちはデザイン思考プログラムを前進させ続けることはできない。」

　ラボを持続させるため、ヘイニーはその鍵が「イノベーション評議会」にあると感じた。「責任を持つ人は一人であることも可能だが、取締役会のように、様々な面で責任をとることのできる評議会の設立が必要である。マインドラボは最終的に、3人の事務次官とイノベーションの外部専門家で構成される理事会方式によるイノベーション評議会を設立した。」

　トップレベルのサポートを維持することに加え、ボトムアップ的な草の根レベルで他の組織との関係を管理することが非常に重要である。したがって、デザイン思考家と組織の距離から生じる緊張感をマネジメントするための2番目の方法は、組織全体にデザイン思考を分散させることである。

　デザイン思考プログラムには、2つの基本的形態がある。独自に所有する本部と施設を備えた集中型「ラボ」を設置する。あるいはデザイン思考が組織全体に広がる分散型プログラムである。ほとんどの場合、両方のプログラムを含む。

　集中型ラボがないため、ATOは、完全な分散型モデルの珍しい例である。しかし、ここにも集中化の要素があった。ATOはアイデアをユーザーにテストするために「シミュレーションセンター」を設置した。しかし、ATOの取り組みの大半の部分は、部門内の人材育成と支援だった。TELUS社は、特定のチームを持つが、物理的なラボはない。チームはソリューションの開発を支援するためにビジネスユニットのコンサルタントとして機能した。

　ほとんどの場合は何らかの場所に物理的なセンターがある。しかし、セン

81

ターの重要性は様々だ。P&G社にとっては、クレイ・ストリートが包括的で多面的なイノベーション戦略の一要素だった。シンディ・トリップによると、コーポレート・デザイン思考チームの取り組みは、部門間、職能上の枠を超えたプロジェクトへのデザイン思考の適用に重点を置いたが、大半のデザイン思考の作業はビジネスユニット内に設置された。

デザイン組織から生まれた別のイノベーションプロセスであるクレイ・ストリートは、チーム開発に重点を置いた。トリップは、「クレイ・ストリートは企業デザイン組織における、SWAT部隊のようなファシリテーターたちによって促進され、デザインされた経験である。デザイン思考は主にセンターの外にある。」

TELUS社のように、一部のデザイン思考家が主に問題解決者としての役割を見いだした場合もあれば、ファシリテーターとして行動することを好む人もいた。マインドラボのモットーである「コラボをしよう、コンサルをしない」は、このスタイルであり、他の部門と緊密に協業できる良い人材を募ることだ。2012年の記事にバソンとヘル・ビベック・カーステンセンは次のように書いた。

> 従業員は個性的でなければいけないが、あまり異質なのは良くない。すなわち「公務員のように考えることなく、公務員の仕事を理解する」ことである。そして、第一に、困難にあったときでも、同僚が彼らと一緒に仕事したいと思うように、スタッフは好感をもたれるようにすべきである。そのため、採用活動は、完璧すぎたり慎重すぎたりしないようにする[6]。

私はトップダウンとボトムアップ的な草の根アプローチの間の相互作用に興味を持ち、何人かの専門家の意見を求めた。マシュー・チャウ氏はデザイン会社のIDEOのシニアデザインリーダーであり、企業のデザイン思考の実行を専門としている。4月のある明るい日に、私はIDEOのサンフランシスコ事務所、エンバカデロにある改装された倉庫で彼と出会った。

チャウにとって、トップダウン指令ではなく、ボトムアップ的な草の根"ムー

第3章　デザイン思考家と組織の距離から生じる緊張感

ブメント"がデザイン思考の導入の鍵である。小規模なイノベーションラボを「プロトタイプ化」し、そこからスケールアップする。「最初に我々が関わる組織に、成功するための安全なスペースを設定することで変化の種をまく…、組織には変化の支持者とそれを怖がる人たちが存在するので、まずは小さな変化を起こすことが、あなたがしようとしていることを活気づけ、強固、明瞭にするのに役立つ。」

　デザイン思考プログラムがデザイン思考家と組織の距離から生じる緊張感を管理する3つ目の方法は組織にその価値を示すことである。これは、デザイン思考のパフォーマンスをどのように測定するかという問題に関連する。

　もちろん、測定するものは、達成したい目的によって変わる。ラボが破壊的なイノベーションを起こしたい場合、新しいカテゴリーやテクノロジーのイノベーションや特許の数を測定する。コミュニテック社にある多くのラボのように、テクノロジーのスタートアップ企業と結びつけることが目標であれば、作成されたコンタクト先の企業、そこから生まれたプロジェクトの数、実行されたプロジェクトの数などを測定する。

　多くの場合、文化の変化は少なくとも破壊的なイノベーションと同等に重要である。2014年に始まったファイザー社のデア・トゥ・トライプログラムは、イノベーションの文化を育むためにデザインされた。ファイザー社は毎年、内部調査を通じて文化の変化を測定する。その調査のカギとなる2つの項目である「ファイザー社はイノベーションへの投資を行う」、「思い切ったリスクを取ることが奨励される」は過去2年間で大幅に増加した。

　文化の変化の測定に加え、ファイザー社はイノベーション活動も見ている。ウェンディ・メイヤーは、いくつかの例を挙げた。「組織全体でどれほどのワークショップが開催されているか？　これらのワークショップからいくつのアイデアが生まれたか？　どのくらいのアイデアが実行に移ったか？　どのくらいの試みがスケールアップされたか？」

　文化の変化やイノベーションの活動を測定するのは良いことだが、結果を測定することははるかに困難だ。イノベーションラボはこれに苦しんでおり、

83

PART 2 3つの緊張感

ファイザー社も例外ではない。実現には数年かかるかもしれないし、イノベーションが破壊的であれば時間がもっとかかるであろう。彼らが進化する間に変形し、変化し、他のアイデアと組み合わされて、最終製品が元のアイデアとは非常に異なって見えるかもしれない。メイヤーは、財務評価に徹底的に執着することが、破壊的ではなく、段階的な取り組みを奨励する傾向を生じさせてしまうことを見出している。

　メイヤーは、「財務業績を強調したくないのは、誰もが財務面での短期的な見通しを警戒しているからだ。」と言う。第4章では、漸進的/破壊的な難問を他の側面についても検討するが、ここでの問題は非常に現実的である。デザイン思考家は、組織の他の人とは異なる尺度で測定される必要がある。生み出される必然な文化との緊張感に伴い、ある程度、彼らは「特別な」存在として扱われる。

　この難しさゆえ、私は客観的な尺度よりも、良いストーリーが重要であるという感覚を得た。シンディ・トリップはこの考えを確認した。「あなたが想像の世界に入れば入るほど…ビジネスにおける内部収益率を持たなければならないという現実から切り離されるが、ストーリーテリングは有用である。それは人々を同じ方向に向かせるのに役立ち、彼らはアイデアの背後にある「なぜ」を理解するので、一緒に問題を解決しようと思うのである。」

　私は、デザイン思考家と組織の距離から生じる緊張感をマネジメントするカギがエンゲージメントであると感じた。トップマネジメントのサポートを得ることは必要条件だが、デザイン思考が生き残るためには十分ではない。プログラムの能力が組織の草の根的な動きを刺激するプログラムがより重要である。結局のところ、結果は重要だが、さらに重要なことは、説得力のあるストーリーである。

デザイン思考家と組織の距離から生じる緊張感のリフレーミング

　デザイン思考家と組織の距離から生じる緊張感をマネジメントすることは必

要だが、取り込むか排除するか、二者択一ではない。

デザイナーは誤った選択肢を捉え直すのに熟練している。ロットマンの元学部長ロジャー・マーティンは、大半のビジネス経営者と異なり、デザイナーは誤ったトレード・オフを拒否し、新しい代替策[7]を開発する。それがデザイナーたちが行うリフレーミングである、と主張した。

この意味で、一部の組織は、主流の企業文化との違いを彼らの強みに変え、デザイン思考家と組織の距離から生じる緊張感をリフレーミングした。私はリフレーミングのための3つのアプローチを見つけた。①組織の日常業務から脱出すること、②ラボを文化の変化のプロトタイプとして扱うこと、③外部のコミュニティとつながること、である。

第一に、デザイン思考は、日常から逸脱し、異なった考え方をする自由を与える。すべてではないが、一部のケースでは、デザイン思考の流動的アプローチは、歓迎すべきペースの変化である。マインドラボ、P&G社などの多くの組織は、イノベーションラボを本社から離し、企業内の他の部署とはまったく異なる「感触」を持たせることを選択する。カナディアンタイヤ社は間に「大いなる溝」を持つ。

建築とインテリアのデザインで「組織から離れている」という感覚を強化した結果、P&G社の創造的な空間にある、いわゆる「緑のカーペット」は、参加者が古い考えに縛られない安全な空間となっている。「私たちはこれを「正直になれる緑のカーペット」と呼ぶ」と彼女は言った。「それはかなり役に立つ。」先に見たように、マインドラボの潜水艦のような会議室である「ザ・マインド」は、「シンクラボ」と同様の機能を備える。デザイン会社内であっても独創的な、IDEOのパロ・オフィスには、デザイナーにメモを取ってスケッチを描くための静かな場所を提供するために、遊牧民族のテントを模ったミーティング・ルームがある。

ATOでは、物理的なラボや物理的に離れた場はないが、明確なコミュニティを持つ。ボディは3つの内部会議を開催した。1つ目は税務の状況におけるデザイン思考、2つ目はプロトタイプの作成、3つ目はデザイン研究である。デ

図3.3 P&G社の「緑のカーペット」

ザインのファシリテーターは訓練を受け、組織全体に渡って種をまく。毎月開催される「実践コミュニティ」セッションを通じて定期的に集まり、内部のデザイン専門家がデザインを適用する際の経験を共有することができた。

　これらの会議でビジネスユニット内のデザイン思考を実行する際に共通する問題を議論できた。会議は午前7時30分に開催され、ボディによると、とても良い出席率だった。取り組んでいる間、浮き沈みがあるにもかかわらず、デザイン思考はATOにとって重要な取り組みであり続けた。

　第二に、一部の組織は、デザイン思考を文化的変化のプロトタイプとして扱うものもある。彼らが望むイノベーション的な文化をモデル化し、組織全体に関心を持つように働きかけることによって、デザイン思考家は変化が遂行されることを望む。

　トロントのロットマン・スクール・オブ・マネジメントでは、デザインワークスが伝統的に財務、戦略、経済を重視してきた大学院内のMBA学生のため

に、デザイン思考コースを提供している。

2005年にロジャー・マーティン学部長によって設立されたデザインワークスは当初大学から約1キロ離れていたアーサー・セント・プリンス9番街に改装されたヴィクトリアハウスにあった。現在、トロント大学キャンパスのロットマンのすっきりした新しい建物の中心に、デザインワークススタジオは位置する。

マーク・ランはデザインワークスのディレクターであり、私がロットマンにいたときの仲間だ。エンジニアであり、ロットマンのMBAを卒業した彼と私は、初期において、カウンターカルチャーとしてのデザイン思考の浮き沈みを経験した。

デザインワークスはその後、選択科目（オプション）コースを作り、一部熱心な学生には視察ツアーまで提供した。当時の教員達は興味を持ったが、関与をしなかった。「私の推測では、デザインはあまりよく定義されていなかった。ビジネス・スクールでの場所は知的にも立地的にもアクセスが困難だった（私たちはキャンパス外に位置していた）。」とラン氏が言った。

「ロジャーは、9番街での前哨基地を創設したので、我々は「エアカバー」を持つようになった。」ランがそう言った。「『去る者日々に疎し』なんていうよね。」彼は笑顔を浮かべながら言った。それは、私たちに実験室を与え、そこで私たちは、何が効果的で何がうまくいかないかを見極めた。「最初の頃は何をやっているか知られていなかったので、デザインワークスは、異なる教育文化を試行することができた。学生にビジネス教育の伝統的な講義／ケースモデルで行っていることよりもはるかに多くの探求の余地を与えられたのはその一つである。」

2012年9月にロットマンの新しい建物がオープンした頃までには、デザインワークスはMBA教育の主流になる準備が整っていた。デザインワークスは周辺的なカリキュラムから、大学に影響を与えるような存在になった。ロットマンは現在、デザインワークスの強みとデザイン思考プログラムを備えたMBAプログラムによって、様々な背景を持つ学生を魅了している。「看護師、

デザイナー、クリエイター、劇場の支配人、ブロードウェイで働いた人、すべての異なる人生をたどってきた人々が本当に共鳴するデザインのメッセージ」とランが言った。

デザインワークスはロットマンの外部における評判を再定義しているように見えるが、大学の教職員や管理職の中では依然として周辺的なカリキュラムとみなされている。しかし、このような見方は変化した。「学生はそれを欲している」と、ランは私に語った。「学生たちは年を追うごとにますますデザイン思考を求めるようになった。もしデザインがロットマンの大事な部分であると市場に訴えるなら、なぜデザインが選択履修にすぎないのかという多くの質問が来る…学生は、なぜ「デザイン思考」を他のコースに設置しないのかと聞く。」

教員の初期の懐疑的意識にもかかわらず、学生からの圧力を受けて、デザインワークスは着実に主流に移行し始めた。「私たちは現在、MBA に 6 つのデザイン科目を設け、専任の教員を雇っている。そのプロセスはゆっくりであるが、マーティンの後継者であるティフ・マクレムは支持してくれている。」とランは言う。「変化は、特に教育において、一晩で起こることはない。最終的に、私は学生が変化に大きな役割を果たしたと言いたい。」

P&G 社は、文化的変化のプロトタイプを作るためのデザインに取り組んだ。ATO と同様に、内部デザインコミュニティを構築した。P&G 社のデザインは、特定のイノベーションでビジネスユニットを支援することと、彼らの文化を変えることの両方を目的としている。ホリー・オードリスコルは、企業全体の考え方を変えるという究極の目標をもって、両方を促進した。

オードリスコルは、「先週、私が率いていた…特定の多機能チームに対する考え方と文化を変えようとした。彼らが向き合う問題はそれほど具体的なものではなく、彼ら自身の異なるストーリーを確認し、イノベーションのプログラミングについて考え直す必要があることを認識した。」と述べた。

P&G 社のプログラムには、連結と進化、イノベーションの取り組みを支援する企業イノベーションファンド、Google 社とのスタッフ交換など、多くの取り組みが含まれる。オードリスコルのような人々の手本と教育に加え、この

純粋的かつ積極的なプログラムはイノベーションの重要性と適切な考え方を開発する必要性について、組織に明確なシグナルを送った。

デザイン思考家が主流の文化との違いを活用する3つ目の方法は、外部のコミュニティと接続することである。先に見たように、いくつかの大企業ではコミュニテック社を使って人材を引き付け、スタートアップコミュニティとの関係を築いた。

その他、外部リンクを使用して組織外での信頼性を築き、内部的に評判を高めるのに役立つ。例えば、マインドラボは、スタッフの出版、出張、会議での発表を奨励する。社内の評判に加え、この戦略に他の目的として、他の公共セクターラボの経験と研究から学ぶラボを開き、スタッフの動機づけと維持方法を提供する。

アイデアの交換により、マインドラボのスタッフは認識とインスピレーションが得られる。バソンは言う。「政府機関内であっても、私たちのスタッフに投資し、魅力的でグローバルな職場を作り出すのは1つの方法である。私はスタッフに、同じグローバルなレベルで働く別の会社より多く報酬を払えないが、彼らはここに残る。」

メイヨー・クリニック・イノベーションセンターは、同様の外部延長戦略を取る。デザインディレクター、ローナー・ロスは会議で頻繁に講演し、CFIは患者中心のイノベーションについて話すために、主要な年次会議である「トランスフォーム」を主催する。

研究を通じて、私はデザイン思考コミュニティのオープン性に感動した。大規模な組織は、イノベーションや文化のような慎重な問題について議論することにしばしば反対するが、デザイン思考家は、彼らが直面している内部的な課題について率直に言及する。

マインドラボやATOのような公共部門の組織にとって、デザイン思考は政府が市民に開かれる方法として見なされるため、オープン性は理解できる。民間セクターでのイノベーションは概してより秘密主義だが、P&G社、カナディアンタイヤ社、ファイザー社など、競争の激しい業界の組織は、非常に親しみ

PART 2　3つの緊張感

やすく、イノベーションへのアプローチについて議論することができた（確か
に、私は特定のプロジェクトについていくつかの非公開協定に署名しなければ
ならなかったが）。

　デザイン思考家はもともとオープンな特性を持っているが、そのこと自体が
彼らの戦略について自己批判的に話すことはあまりない。私は、多くの利点を
持つこのオープン性を外部のコミュニティとのつながりへの欲求に置いた。

　P&G 社は、表向きではスマートで創造的な若者が働く最も魅力的な場所で
はない。小さな中西部の都市に位置する大規模な洗剤会社は、Google や Face-
book のような魅力をあまり持っていないが、社会発信を行ってきたため、
P&G 社は才能のある人を引き付ける際の不利益を緩和している。また、破壊
的なイノベーションに対応する会社の能力に懸念を持つ投資家を安心させるの
にも役立つ。

　デザイン思考家と組織の距離から生じる緊張感は、組織のデザイン思考家に
とって重要な課題である。トップレベルのサポートは不可欠だが、時には取り
組み自身が自立する必要がある。こうしたことを通じて結果がもたらされる。
他方で、組織の文化の中で働くことを学び、同時に組織の文化を変えていく。

　マインドラボの創設者は、官僚制による縦割りの組織を破壊したいと思っ
た。民間部門と公共部門の両方で多くの人がこれを理解するとの思いがあっ
た。しかし、デザイン思考は組織にとって画期的かもしれないが、ほとんどの
場合、ヒューズを付けるよりもロウソクを点灯させるような遅い革命なのであ
る。

【注】

1　Yale School of Management, "Mayo Clinic: Design Thinking in Healthcare: Phy-
sicians and Designers," Design and Social Enterprise Case Series, Case Study
#09-034 2010. http://vol10.cases.som.yale.edu/design-mayo/founding-sparc/
physicians-and-designers. Retrieved 24 August 2016.

2　Example from Jeffrey Conklin, "Wicked Problems and Social Complexity," *in
Dialogue Mapping: Building Shared Understanding of Wicked Problems* (Chich-

第 3 章　デザイン思考家と組織の距離から生じる緊張感

ester, UK: John Wiley and Sons Ltd., 2005), 3–40.

3　Jess Roberts, "Session 2: Evening Powered by PechaKucha," Mayo Clinic Transform Conference 2016. https://transformconference.mayo.edu/speakers/. Retrieved 6 February 2017. Also see Thomas Fisher and Jess Roberts, "Making Culture Change Possible through Design," Mayo Clinic Center for Innovation. http://blog.centerforinnovation.mayo.edu/2016/09/02/make-culture-change-possible-through-design/. Retrieved 6 February 2017.

4　*A. G. Lafley, Procter & Gamble, Catalyst Awards Dinner*, 31 March 2015. https://www.youtube.com/watch?v=4Yv0RbKAQ1M. YouTube video.

5　*The Evolution of Design Thinking, special issue, Harvard Business Review* (September 2015).

6　Helle Vibeke Carstensen and Christian Bason, "Powering Collaborative Policy Innovation: Can Innovation Labs Help?" *The Innovation Journal: The Public Sector Innovation Journal* 17, no. 1 (2012): article 4, 20.

7　David Dunne and Roger Martin, "Design Thinking and How It Will Change Management Education: An Interview and Discussion," *Academy of Management Learning & Education* 5, no. 4 (December 2006): 512–23.

91

第4章　破壊的イノベーションの実行にあたって生じる緊張感

第4章
破壊的イノベーションの実行にあたって生じる緊張感

■ ウーバー化

　真剣な面持ちのカーク船長は、意識を失った乗組員の手首をつかんでいる。「脈がなくなりそうだ」と、息を切らせながらスポックに言う。スポックはベルトから小型のデバイスを取り出し、乗組員の動かぬ体の上で振る。デバイスには色の付いた光が表示され、スポックはそれを調べる。「深刻な心臓の損傷だ。両方の肺にうっ血が見られる。循環器系がひどく損傷している証拠が見受けられる。」スポックの返答は、単調で気持ちがこもっていない。

　2016 年 9 月 7 日、**スタートレック**は放映開始から 50 周年を迎えた。それまでにはなかった領域を大胆に開拓しつつ、現実離れしたファンタジーの世界を描き、英雄や敵、セクシーなボディスーツ、ロマンスが満載である。明るく平和な未来を提示している（少なくとも、人類にとっては。ただし、クリンゴン人にとっては、また別問題である）。多数のファンがいて、私もその 1 人である*。

　このファンタジーを演出する一つに未知のテクノロジーが挙げられる。スポックの魔法のデバイスは「トライコーダー」と呼ばれるもので、テレビでも映画でも各世代のスタートレックでの定番となっている。無論、1960 年代にはこんなものは考えられなかった。今でも、そうである。だが、Fitbit やiWatch が存在する現在の世界では、さほど現実離れしたものだとは思われない。

　少なくとも、X プライズ財団ではそう考えられている。根本的なイノベーションを対象とするコンペのスポンサー組織である X プライズ財団では、「ク

＊　著者自身としては、セクシーなボディスーツはないものの、Doctor Who の方が好きだ。

図4.1　スタートレックでのトライコーダー

出所：CC BY 2.0 © Mike Seyfang。

アルコムトライコーダーXプライズ」という1,000万ドルのコンペが開かれ、あらゆる疾患を発見できる現実の無線デバイスの開発が図られている。

　ソーシャルメディアとトライコーダー技術とを組み合わせれば、健康な個人同士が手を組んでクラウドソースを活用した医療保険の掛け金の割引を実現できる。保険会社にとって、これは自らのビジネスの根底を危うくしてしまう。保険とは、実質的には、リスクをプールしておき、低リスクの加入者の払う掛け金によって高リスクの加入者の支払要求に応じるというビジネスである。

　テクノロジーやイノベーションの世界では、こうした地殻変動的な変革をよく「ウーバー化」と呼んでいる。ウーバーの新しいビジネスモデルを理由にタクシー業界が揺るがされているように、保険業界も近いうちに存亡の危機に瀕するかもしれない。

　ウーバー化の影響を被るのは、タクシーや健康保険だけではない。経済全体に浸透しており、洗剤メーカーや税務当局にとっても現実の問題になっている。だが、ウーバー化に対応するのと同時に、組織は既存の製品やサービスの改善のために短期的な漸進的イノベーションも行う必要がある。ここに、破壊的イノベーションの実行にあたっての緊張感がある。時代に合わせて競争力を維持しながら、どのように巨大なショックに後れを取らないようにするのか？

第4章　破壊的イノベーションの実行にあたって生じる緊張感

デザイン思考家たちにとって、困難なチャレンジである。だが、希望もある。緊張感を認識しながらも、とあるラボでは漸進的イノベーションと破壊的イノベーションを同時に行う方法を発見している。

ウーバー化に伴う不満

　ウーバー化は確かに既存の関連業界にとって危機ではあるが、まったく異なるルールで活動しているプレイヤーたちにとっては、新たなフィールドを切り拓いてくれるものである。

　オスカー健康保険のような新規参入プレイヤーは、テクノロジーとそこから得られるデータとを活用している。オスカーでは、身に着けるデバイスのメーカーである Misfit とパートナーを組んで、顧客が保険契約に加入すると、無料の歩数計を贈呈している。この歩数計はオスカーの健康アプリと連動しており、所定の目標に到達すると、その顧客は報奨ポイントをもらえる。その見返りとして、オスカーはデータを集め、同社にとって最も収益性の高い顧客を選ぶことができる。

　ウーバー化は他の保険にも影響を及ぼす。ソフトウェア企業のトゥルモーション社では、自動車保険企業にとって最も収益性の良いドライバーを見つけるのに役立つスマートフォン用アプリを提供している。ドライバーの運転方法を追跡調査するものである。プログレッシブ保険では、2015 年にトゥルモーション社と組んでパイロットプログラムを開始した[1]。自動運転車両が普及しそうなことから、自動車保険業界にはさらに憂慮が広がる。「走っている自動車の 30％が自動運転になったら、保険はどう機能するのだろうか？　自動運転車両に乗っているカーオーナーを対象に GM が保険を提供するようになったら、どうなるのだろう？」と、コミュニテック社のコーポレート・イノベーション・ディレクターのクレイグ・ヘイニーは問う。

　その他の業界も、何かしらのアプリが登場すると、自らの業界が時代遅れとなってしまうのではないかと心配している。フィンテック、つまり、金融テク

ノロジー部門への投資が急速に増大しており、銀行関係者たちは、従来のビジネスの前提を再考察せざるを得ない。ソフィ社は、2011 年にスタンフォードビジネススクールでマイク・カグニーによって創設された企業である。彼は以前、ウェルズファーゴでエグゼクティブを務めていた。彼とともに 4 人の院生たちも運営に参加した。このビジネススクールの卒業生たちをオンラインでのメンターとして活用することで、ソフィ社は借り手を支援するためにコミュニティの力を利用し、相場よりもかなり低い金利の学生ローンを提供することができた。以来、高度なアルゴリズムを開発し、最も収益性の望めるローンを選択し、不動産ローン、個人向けローン、資産運用などにも進出している。

ソフィ社の独自性として、オンラインのコミュニティを構築してサポートを行うという点が挙げられる。借り手は教育イベント、夕食会、楽しい催しなどに参加できる。さらに、起業家向けプログラムもあり、借り手は返済を先延ばしにすることができる。また、ソフィ社では、無料のキャリアカウンセリングやアドバイスを借り手に対して行っている。

銀行関係者を眠れないほど不安にさせているオンラインの金融企業は、なにもソフィ社には限らない。あるいは、金融サービスのウーバー化を牽引しているのもソフィ社だけではない。ビットコインもその一つである。イングランド銀行の金融政策担当の副総裁、ベン・ブロードベントは、2016 年のスピーチで、デジタル通貨の基底にある決済技術に伴い、銀行に預け入れられる資金量が減り、貸し出す能力に悪影響が及んでいると提起した[2]。そうして、銀行の根本的な存在理由が脅かされる、というのである。

ウーバー化が伝統や慣行に拘束されている業界だけの話だと考えるなら、再考をお勧めしたい。今では、歯ブラシもスマートフォンに接続されており、力が入り過ぎていないか、力が抜けすぎていないか、磨き残しがないか、知らせてくれる。冷蔵庫だって、仕事帰りにミルクを買うように知らせてくれ、一家の多忙なスケジュールを調整してくれる。近い未来には、土曜の夜のスミス家とのディナーパーティのためのレシピの提案やそのためのショッピングリストの提案もしてくれる。こちらが忘れてしまっていても、冷蔵庫が覚えていてく

第4章　破壊的イノベーションの実行にあたって生じる緊張感

れるのである。

　だから、ウーバー化によって突然、何もかも失ってしまうことを多くの組織が憂慮するのも驚くに当たらない。デザイン思考では問題を斬新な視点で捉えることができるので、多くの人たちがそれを取り入れ、変化の予想と対応策とを、実際の変化が起きる前に実施できるよう努めている。

　だが、デザイン思考家たちには、通常、大きな変化にだけ集中するという余裕がない。組織には既存の製品やサービスを微調整するというお馴染みのニーズがあり、それにもリフレーミングやユーザー中心のアプローチが必要とされるのだ。漸進的イノベーターであると同時に破壊的イノベーターであるのは、容易ではない。これを、破壊的イノベーションの実行にあたって生じる緊張感と呼んでいるのである。

なぜ破壊的イノベーションの実行にあたって生じる緊張感は発生するのか？

　破壊的イノベーションが困難を伴うのには、少なくとも3つの理由がある。破壊的イノベーションは未来のものであるが、組織は今日という日に集中せねばならない。破壊的イノベーションをもたらす人を組織が引き寄せ、維持するのは困難な場合もある。組織内力学によって、破壊的イノベーションをもたらすようなアイデアが排除される場合もある。

　未来の破壊的イノベーションを立案するのと今日のビジネスを切り回すのとは、根本的に異質の作業である。この2つは共存できないと主張する人たちもいる。

　ハーバード大学のクレイトン・クリステンセン教授は1990年代に「破壊的イノベーション」という用語を作り出した。この言葉は、既存の製品・サービスが提供されていない新たな市場セグメントに対するイノベーションのことを指す。その例の1つがアイルランドの格安航空会社のライアンエアーであり、フルサービスの航空各社が軽視してきた安いセグメントに進出したのである*。

　だが、クリステンセンによれば、企業は自らの事業を自身の手で破壊しない。

97

PART 2　3つの緊張感

それは無理である。なぜなら、自社のビジネスモデルが適合しないセグメント
に進出しても、利益にはつながらないからである。

　おそらく驚くには当たらないことだが、多くの企業ではこうした発想を受容
しない。「破壊的イノベーションを行うか、さもなくば破壊されるか」とは至
るところでよく聞かれるが、クリステンセンによれば、これは不適切なアドバ
イスである。ただ、少なくとも1冊の本のタイトル[3]になり、主要コンサルティ
ング会社の報告書数冊[4]には採用されている。

　メイヨー・クリニック・イノベーションセンター（The Mayo Clinic Center
for Innovation；以降CFIと略す）は、デザイン思考を活用して「プロセス分
析と質の向上を超えて、ヘルスケアの経験と提供の革新」に努めている[5]。破
壊的イノベーション、つまり、メイヨーの用語では「変革」が、そのミッショ
ンの中核にある。メイヨーでは毎年、トランスフォームという会議を開催して
いるが、全世界からヘルスケアのイノベーションに取り組んでいる人たちが集
結する。

　だが、CFIは、その他にも多くの需要に対応せねばならない。ヘルスケア業
界は複雑で、しかもコストには制約がある。すなわち、コストを下げながらよ
り多くの患者を治療するため、漸進的な改善に対するニーズが極めて高い。補
足の囲み記事にあるRED（Reengineering Dialysis；透析の再構築）プロジェ
クトは業務統合をさらに改善するものであり、そうしたニーズに対応するプロ
ジェクトの1つである。変革的とは呼びづらいが、こうしたプロジェクトはヘ
ルスケアでは不可欠である。必然的に、CFIの労力の大半はこうした漸進的な
改善へと向けられている。

　漸進的イノベーションで成功を収めることで、CFIは社会における認知と信

---

*　面白いことだが、クリステンセンはウーバーを破壊的イノベーションとは見て
　　いない。彼の見方では、破壊的イノベーションとは、例えばヨーロッパでのライ
　　アンエアーのようなもので、ローエンドの市場から始まり、そこから発展し
　　て既存のプレイヤーたちと競合するに至る。それに対してウーバーは同じ顧客
　　をめぐり既存のタクシーと当初から競合している。

第４章　破壊的イノベーションの実行にあたって生じる緊張感

頼できる実績を維持している。他方、破壊的イノベーションはその定義上、実現しにくく人目に付きづらい。

《メイヨークリニックにおける漸進的イノベーション： RED（Reengineering Dialysis；透析の再構築）プロジェクト》

　REDプロジェクトの目標は、チームアプローチを通じて、根拠に基づくベストのケアを提供することであった。米国では2000年代初頭にメディケアの改革が行われ、償還が実際の医療に応じた支払とするモデルから患者に一括して支払うというモデルへと変わった。質に関する目標を達成したかどうかに応じて、金額が決まる。メイヨーにとって、この変更が持つ主な意味は、より低コストでより質の高いケアを行うことの必要性が高まったということであった。この課題に取り組むため、チームが編成された。

　CFIのデザイナーも含んだこのチームは、すでにプロバイダ側の視点も制度上の問題も把握しており、患者の視点を取り入れることも学習した。インタビューと観察により、チームは透析患者の実体験を深く探った。すると、下記のような問題が明らかになった。

・「患者には、休暇がない」腎臓病という負担は患者とその家族にとってはフルタイムの重荷であり、日夜、年間365日離れることができない。
・実際の透析には医療的問題とそれ以外の問題とが絡み合うが、両者の間にはギャップがある。多数の患者の場合、腎臓病は自身が抱える数多くの病気の１つであり、しかも１日おきに透析で３時間から５時間を費やすことが大きな生活上の問題になっていた。
・患者をサポートしてくれるのが、患者ケアチーム以外にないことが少なくなかった。これは医療面だけではなく、情緒面でもそうである。そのため、患者が病院から離れたがらないことがよくある。
・患者とヘルスケアを提供する人たちは、使う言葉こそ違うが、同じ目標

99

PART 2　3つの緊張感

と意図で動いていた。

　患者を「演じる人」8人を指定し、典型的な個人の生活に透析が及ぼす影響を例示した。

　このチームのメンバーで腎臓医のエイミー・ウィリアムズ医師は、この発想について、次のように述べている。

　　急性疾患と多くのストレスにさらされる中で、私たちは患者たちに、大きな決断を求めていた。"あなたは今夜透析をしたいですか？必ずしも透析しなければいけないということではないですが、透析をしなければ、明日の朝には亡くなってしまう可能性があります。…どのような透析をお望みですか？　承知しました。ただいま透析中です。終わりました、それではお元気で、さようなら"といった具合である。"これであなたは病院を出ることができます。幸運をお祈りしています！"私たちは、こうした通り一遍の手順では、患者の将来に成功をもたらさないと分かったのである。

　ある全米調査では、透析患者の2/3が透析を開始したことを後悔している。その事実を踏まえ、チームはこの問題を「透析生活の実体験の医療的要素とその他の要素との統合化」と位置付けた。

　チームはそうした実体験をマップ化し、組織化されたケアチームのアプローチを考案した。つまり、医療面とそれ以外の面の両者を加味したものである。一時的緩和ケア担当の医師も組み込まれた。チームのメンバーたちを患者とその家族と一緒に作業に従事するよう訓練した。患者に関する深い知識を得たうえで、CFIのデザイナーたちは実用的で個々の患者に応じた教材を開発することができるようになった。

　成果として入院患者数が40％減少し、病院での透析の件数も減った。患者、ケア提供者、ケアチーム、いずれの満足度も向上した。質の基準を満たし、コストも大幅に軽減できた。

100

第４章　破壊的イノベーションの実行にあたって生じる緊張感

2015年にCFIに関して[6]記した論文の中で、CFIの共同設立者であるニコラス・ラルッソ医師、バーバラ・スパーリアーおよびジャンリコ・ファルギアは、こうしたジレンマに気付いていた。彼らの主張によれば、変革的イノベーションとは「進化的な形態のイノベーション」である（自己矛盾をはらんだ用語に聞こえるかもしれないが、これこそが破壊的イノベーションの実行にあたって生じる緊張感の中心にある緊張なのだ）。局面をがらりと変えるようなイノベーションにも必要とされる領域があるが、彼らの著作によれば、「すべてをぶち壊して最初からやり直すというのは、ヘルスケアではありえない」のである。

第１に、破壊的イノベーションとは、徹底的に質問をすることを意味する。マインドラボのクリスチャン・バソンによれば、「我々がしばしば行う破壊的イノベーション的な行動とは、チャレンジである。『その枠組みとは？ 問題を、どう捉えているのか？ その認識は、どこから得たのか？ こういう結果になるという想定は、どういう論理に基づくか？』そして、『こういう明らかにシンプルなソリューションやアプローチで、一部の人たちには実際に効果があると想定しているのは、なぜか？』」

多くの組織はこうした疑問に耐えられない。先述したように、根本に立ち返った疑問を考えていると、時間がかかる上に、問題に対応するという当面の課題から注意をそらせてしまうように見受けられる。

第２に、デザイン思考のプログラムの大半では、破壊的イノベーションに必要となる創造性と組織に関する知識の両方を備えた人材を集めて牽引することが困難であった。オーストラリア国税局（ATO）のジョン・ボディによれば、「当初は、色々なコンサルタントたちに巨額のお金を払っていた」そうである。結局、ATOは、独自でデザイン能力を身に付けた。ATO同様、私がインタビューしたラボの多くでは外部のデザイナーを雇用してラボの仕事に就かせるよりも、デザイン能力向上ために人材をトレーニングすることを大いに強調していた。

その理由の一部として、組織内部の人材を採用したいというもっともな願望

101

PART 2　3つの緊張感

もある。だが、専門の（外部の）デザイナーを採用しないことには、他にも理由があった。まず、複雑な大型の組織での内部デザインラボは、デザイナーが好きなようにやれる場所ではない。CFI の設立デザイナーの 1 人でもあるマギー・ブレスリンによれば、「この種の仕事は、かなり謙虚な人でないと務まらない。自己中心的なデザイナーの職場ではない。実際に世にデザインを出して、それを人々が使って動き回るのだから。よって、デザインと自分自身とを分離できない人は、ここで働くべきではない」[7]。

　さらに、デザインとデザイン思考は、同じではない。デザイナーのすべてが、デザイン思考家とは限らない。芸術っぽいアプローチをして、ユーザーの視点には向かっていかないようなデザイナーが多い。さらに、大組織で何かをやり遂げたいのなら、チーム作業が不可欠となる。しかし、デザイナーの中には、1 人で仕事をした方が良い仕事の出来る人たちもいる。

　組織内にデザインラボを設けるには拷問のような政治的プロセスが必要となる場合もあり、結果、多くのデザイナーの忍耐力が試されることになる。TELUS 社では、いくつかのチームが異なる手法でデザインを担当していた。サービスデザインチームの存在は、混乱や摩擦を生む恐れがある。TELUS 社のサービス戦略&デザインのディレクターのジュディ・メレットによれば「自分たちのあり方を決めて、他の可能性のいくつかを無視せねばならないようだった」。何か月もの間、メレットはマーカス・グルップというデザイナーと一緒に仕事に取り組み、組織全体との関連でチームがどのように自らを位置づけるかという敏感な問題に対処した。

第4章　破壊的イノベーションの実行にあたって生じる緊張感

サービスデザインのリーダー：ジュディ・メレット

　私は、ジュディの率いるTELUS社のサービスデザインチームと数回会っている。このチームの経歴を時系列でマッピングし、チームが経験した良かった時期と悪かった時期とを記していった。
　ジュディは、TELUS社で事業および製品やサービスの開発に携わってきた。ジュディは社内のサービスデザインチームの創設者にして、リーダーである。以前は、サービスデザインとイノベーション、戦略担当の取締役であった。このチームでの彼女の焦点はデザインとTELUS社のブランドへの顧客ロイヤルティを構築できるような顧客経験の実現とにあった。時の経過とともに、このチームのうわさが広まり、その存在はTELUS社内では大いに求められるまでとなっている。

　このチームの任務は明確であったが、社内には他の取り組みもあり、それらとの関係で位置付けをするのはやっかいであった。行きつ戻りつを繰り返しながら、とあるソリューションが誕生した。メレットによれば、マーカスは天を仰ぎ、「ああ、『サービスデザイン』というものがあるじゃないか」と語った。「そこで、我々は、サービスデザインについての資料をあれこれ読み、『これをやっていこう』」ということになった。これは政治的なプロセスで、グループが訓練を受けていたデザイン作業とは、まったくかけ離れたものであった。
　組織内政治による破壊的イノベーションの排除という第3の理由として、組織の力学に付きまとう自己検閲によって、ラディカルなアイデアがもみ消される。ビジネスが不調であり、雇用も不安定な場合なら、さらに悪化してしまう。だが、そうした組織でこそ、破壊的イノベーションの実行にあたって生じる緊張感が特に必要である。あるインタビューに応えてくれた方から聞いたのだが、「[新しいアイデア]を入れると、組織にいた人たちのキャリアがなくなってしまう恐れがあって、リスクが大きすぎる。そうした人たちはミーティング

PART 2　3つの緊張感

には出席せず、視点だって共有しない。それは、つまり、10年あるいは10年以上も、そうしたアイデアが自らに矛盾してしまうかもしれないからだ…自分自身の意見を言うことを恐れる。判断されたくないからだ。」

　短期的な必要、創造力豊かな人たちにアピールすることの難しさ、そして組織の慣性が組み合わさり、組織の中では破壊的であることは大変困難になる。破壊的イノベーションの緊張（破壊的イノベーションの実行にあたって生じる緊張）は、効果的に対処せねば、デザイン思考の取り組みを脅かしてしまう場合もある。

破壊的イノベーションの実行にあたって生じる緊張感のインパクト

　経営学を研究しているマイケル・トゥシュマンとチャールズ・オライリーⅢ世は、クレイトン・クリステンセンの見解に瞬時に反応した。2人によれば、二刀流（ambidextrous）[8]になることで、事業を破壊することができる。二刀流の組織とは、進化的（漸進的）イノベーションと革命的（破壊的）イノベーションの両方を管理する組織のことである。これは、言うは易く行うは難い。

　デザイン思考家は、日々、破壊的イノベーションの実行にあたって生じる緊張感に対応している。P&G社のホリー・オードリスコルは私に、「間違いなく、我々はその緊張感を原因とするインパクトを被っていて、この分野に従事している他の多くの皆さんだってそのはずだろう。そうした緊張感と付き合いながら生きていくことが、ますます重要になっている。そして、いずれかをもう一方以上に重要視する（漸進的イノベーションを破壊的イノベーションよりも優先させる、など）のは、誤りのはずである。両方を混在させるべきである」と述べている。

　私がインタビューしたいずれの組織も、そうした混在した状態で業務に従事してゆくうえでの何らかの方法を編み出していた。だが、それには、付きまとう影もあった。漸進的イノベーションに近づきすぎると、デザイン思考の存在理由を見失ってしまう。逆に破壊的イノベーションのプロジェクトが多すぎる

と、短期的な業績に問題が出ることがある。

だが、そうしたプレッシャーは、同等ではない。私がインタビューしたデザイン思考家の大半は、破壊的イノベーションへの比重は小さく、漸進的イノベーションにこだわり過ぎることについて憂慮していた。彼らは何か破壊的なアイデアを出すのだが、それが時間とともに漸進的なものになってしまう場合もあった。

ファイザー社のウェンディ・メイヤーは、そうした様々なプレッシャー間で一定のバランスを保っているようであった。まず、ファイザー社のイノベーション戦略は、ヘルスケアにおける破壊的イノベーションの機会を求めるというものであった。「最初のチームは、経営陣と戦略チームが特定したファイザー社の事業に関連する新たな領域で、収益を生む可能性のある機会を発展させるために設立された」とメイヤーは述べた。「したがって、最初の2〜3年は、…このチームはもっぱら、特定したイノベーション領域でファイザー社がどのような役割を演じられるのかを詳しく調べることに取り組んでいた。」

だが、ファイザー社のコーポレートイノベーショングループのトップとして招聘される以前は、このグループの影響力が限られたものであることにメイヤーは気付いた。「このイノベーションチームは多くの時間を組織全体の統制に費やしていた。労力の大半は〔組織的〕構造と責任の範囲に充てられ、〔デザイン思考〕の潜在的能力を例示することには、あまり注がれていなかった。」

メイヤーは、ファイザー社でのイノベーションをもっと冒険的なものにする必要を強く感じていた。時間の経過とともに彼女はより有意義なイノベーション能力の構築に取り組み、ある程度の成功も体験した。だが、先述したように、短期的な成果を求める動きは、いつでも現れうる。「私が思うに、最大の障壁とは、四半期収益だ。そのために、社内の活動の多くが向けられ、破壊的イノベーションのために投資する資金も時間もなくなってしまうのだ」と、彼女は私に語った。

TELUS社で、サービスデザインチームは各製品グループのための社内コン

PART 2　3つの緊張感

サルタントという立場を確立した。当初、このチームは何の仕事をすべきか探さねばならなかった。「当初はいろいろな人たちと話し合い、コーヒーを飲んで、ただ『お客様やビジネスの視点で、こういう問題があるのですね。私たちが、この点で力になれるかもしれません』というようなおしゃべりをしていた。そして、実際に我々が解決に協力できる問題があるのか調べていた」と、マーカス・グルップは述べている。

　だが、ファイザー社の場合と同様、TELUS社も短期的な発想と葛藤していた。このチームも、すぐに回答を出せと求められることを多々経験し、破壊的イノベーションの機会が置き去りにされた。

　すべてが開始の時期に左右されるため、サービスデザインチームが抱く不満は、明白であった。「どうなったかというと、あまりにもよくあることだが、[製品グループが言うに]『私たちがこれに取り組んで、1年が過ぎ、1年半が過ぎた。あと半年で製品を世に出さなければならないのだ。…助けてくれ』といったことなのだ」と、チームのデザイナーの1人が嘲笑いをするほかのチームメンバーに述べた。ジュディ・メレットは次のように加えた「『問題を定義して、それから私たちが特定したソリューションを実現する製品を、市場に送り出せるよう助けてくれ』というようなプロジェクトが、もっとあればいいのだが。」

　他方、破壊的なプロジェクトとして始まったものが漸進的なものになってしまうことも、実によくある。プロジェクトの実現段階が進むにつれ、組織の能力や好みに合うように変更されることが、よくある。そうした実現段階の変更においてはユーザーとの協議がなされず、その結果は本来意図したものとはまったく異なる場合がある。

　ある非営利法人でデザイン思考に従事するある人の場合、「斬新さ」に対する偏見のために事態がさらに複雑になる。「今取り組んでいるプロジェクトは、タイプとして巨大すぎると思う…何か新しいアイデアを持ってきていくれれば…何か新しい提案があれば、成功できると思う。だが『破壊的な』イノベーションを提案し、マイナスになってしまうようだと、正反対の反応が出てくるだろう」。こうした面でも、不満が生じるのは容易に見て取れる。「それが発展して

ゆくうちに、あれこれの意見もコンセンサスも多すぎて、破壊的ではなく単なる追加的な提案になってしまっているのだ。」

大抵の場合、破壊的イノベーションの実行にあたって生じる緊張感の背後には漸進的イノベーションを求める偏向が明らかにある。デザイン思考が根を下ろしうる場合であっても、短期的で漸進的なイノベーションの機会に偏りがちである。あるいは、クリステンセンの真意は、的を得たものだったのかもしれない。つまり、組織は、そのままでは、自らで破壊的イノベーションを起こそうとはしないものである。トゥシュマンとオライリーの曖昧な組織も、理論上は優れたアイデアだったが、実際には不可能となったアイデアの一つに過ぎないのだろうか？

破壊的イノベーションの実行にあたって生じる緊張感のマネジメント

第3章で考察したように、イノベーションは測定が難しいことでよく知られている。破壊的イノベーションは、なおさらそうである。特許件数のような従来型の指標は、技術以外のイノベーション（サービスなど）には、あまり有効でない。イノベーションに対する投資収益率（ROI）のような財務指標では、多くの場合、成功か失敗かを決める理由にはあまり光が当てられない。そしてさらに、目標が財務的な成果なのか、顧客にとっての価値なのか、社内プロセスなのか、組織文化なのか[9]、という問題もある。私がインタビューした各社はそうしたすべての要素を気にかけていたが、その程度は様々であった。

イノベーションの測定に関する文献は多数あり、それはつまり、最も賢明な人たちでさえ、いまだにこの問題に取り組んでいるということの表れでもある。当分、企業各社も迷いつつ歩むことになろう。

明確な尺度がないため、デザイン思考家は時間と予算をどう使うのかと、鋭い質問を受けることになる。破壊的イノベーションは漸進的イノベーションよりも測定が困難であるため、このプレッシャーは過酷である。

その対応の1つとして、私が勧めるものではないが、身を潜めるという対応

107

もある。

　2014年3月、米国の会計検査院（GAO）が人事局（OPM）のイノベーショ
ンラボであるLAB.OPMに関する報告[10]を発表した。この報告書はラボの歴
史を辿っているのだが、同種の大半のラボと同じく、このラボも漸進的プロ
ジェクトで始まった。そして、大型の多数の関係者が介在する（つまり、破壊
的な）プロジェクトを行う計画もあるとしている。だが、この報告書のヘッド
ラインは、次のとおりである。

　　人事局は、このイノベーションラボの価値を実証できるよう、成果指標を
　　示す必要がある

　このGAOによる報告書は当然のように、ワシントンポスト紙[11]に報じられ
た。検討すべき意見として、私がインタビューしたある公共部門の人物は、「こ
ういう人たちは税金を使っていながら、成果を文書で発表できないのだ」と
言っていた。

　OPMにイノベーションラボがあることを、読者はご存知でないかもしれな
い。メディアからの激しい追及を逃れるため、OPMラボは活動をあまり公に
知られないようにした。

　納税者たちの厳しい目による監視を逃れるのは、短期的には組織が存続する
ための良い方策かもしれない。しかし、そのことは破壊的イノベーションを引
き起こすためには、役立たないし、官僚機構の文化を変えるためにもならない。

　幸い、身を隠すよりも賢明なアプローチがある。1つは、破壊的イノベーショ
ンと漸進的イノベーションとをミックスすることが可能だと、モデルを用いて
組織に提示することである。もう1つは、早い段階で成功を収めてラボの信頼
を確立し、それから長期戦に着手することである（あるいは、OPMのラボは、
これを実施しているつもりかもしれない）。

　マッキンゼーの成長の3つの地平線のような古典的モデル（3段階イノベー
ションモデル）[12]は、イノベーションというものの全体像を把握するうえで役

立つ。マッキンゼーのモデルでは、短期的に中核ビジネスの業績を向上させ、中期的には新たな機会を、そして長期的にはさらに投機的なベンチャーを模索することで、企業は破壊的イノベーションと漸進的イノベーションのバランスを保つことができるのである。図 4.2 に示すように、これはよく知られた枠組みである。コンサルタントたちが好み、私がインタビューした人たちの中でも数人はこのモデルをポートフォリオ・マネジメントの方法として参照していた。

マニュライフでも、同様のモデルを採用している。Innovation Ambition Matrix[13] と呼ばれるものである。「ambition matrix には、見覚えがあるかもしれない。イノベーションの種類を中核、周辺、そして変革の 3 種類とするモデルだ」と、マニュライフのイノベーションと事業開発担当の副社長、サビエル・デバネは言う（恥ずかしい話だが、当時の私はこの Ambition Matrix のことを知らなかった。後になって、それについて読んだ）。「当社では、そうしたツールをいくつか使用しており、イノベーションの範囲や規模、今ある取り組みとの関連でイノベーションのための努力をどこに傾注すべきかを見定めている。」

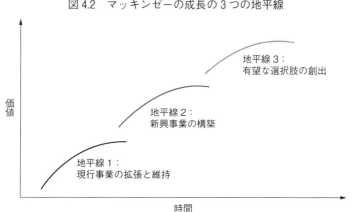

図 4.2　マッキンゼーの成長の 3 つの地平線

出所：McKinsey & Company, www.mckinsey.com. Copyright © 2017. All rights reserved. Reprinted by permission.

PART 2　3つの緊張感

　もう1つよく利用されているモデルとして、ドブリン社による10種類のイノベーション[14]がある。このモデルは、イノベーターが価値を創造し、それをユーザーに届けるための他の方法を探るうえでの手助けとなるもので、バリューチェーンに沿った各地点を検討することによって実現される。肝心なポイントとして、大半の企業は製品のパフォーマンスにイノベーションの焦点を合わせているため、ビジネスモデルや顧客の財政事情、ブランド構築といった面での機会を忘れてしまうということである。このモデルは、破壊的技術を追いかけるあまり、間近にあるもっとも面白い破壊的イノベーションに気づかない恐れがあるという現象に対する警告でもある[15]。

　コミュニテック社のクレイグ・ヘイニーによれば、こうしたモデルは、特定の取り組みに対する信頼性を勝ち取り、それに方向性を与えるための方法である。「3つの地平線のモデルは実に効果的なだけでなく、[場合によっては]10種類のイノベーションや、リーンスタートアップ…も『私たちは失敗したのではない。構築し、試験し、そこから学習するためにやっているのだ』という形で、構築・検証・学習といった理念の価値を経営陣に提示するうえで、優れた方法だ。」

　組織で働くデザイン思考家にとって、指標が難題であることは明らかであり、簡単に答えが見つかるものではない。この問題については、第7章で再度取り上げる。その際、いくつかの提案をするが、それらが不完全なものであることはご了承いただきたい。

　当然、モデルというものは大切である。だが、実際に成功例を示すことができれば、いっそう良い。デザイン思考家の一部は、早い段階で成功を収めることに重大な価値を見て取っていた。確かに、早期に成功を手に入れれば、そのデザインへの取り組みの正当性を主張しやすくなる。だが、そうした成功の多くは漸進的な性質のものである。破壊的イノベーションには、もっと時間がかかる。本質的には、早い段階で成果を上げることで、時間が得られるのである。

　（カナダにある経営大学院の）ロットマンでは、マーク・リュンが時間を勝ち取ろうと取り組んでおり、もう何年か経つ。リュンも、高等教育における破

壊的イノベーションは時間のかかるプロセスだと認めているが、事態は変化しつつあると感じている。

学生たちにとっては、デザイン思考とは「講義形式の教授法として異なるという点で、成功だと言える。教室に座って壇上の多くの賢者の講義を聴いて、その中身に本当には関与しないことに比べれば、…デザイン思考を具現化したスタジオ形式の教授法は変革をもたらすものだと思う。特に、ビジネス関連の教育では、そうだ。探索し、振り返り、失敗する。正しい答えなどないという事実が、私たちの学生にとって、実に説得力を持つと私は考えている。」

スタジオ式学習はすでにデザイン等の分野では確立されたものであり、その事実も助けにはなる。したがって、ここでの早期の成功とは、スタジオ式をビジネス教育に適用することにある。この教育法に対する要望は、学生たちから次々に巻き起こっており、教授陣も対応せざるをえなくなりつつある。

だが、早期の成功を収めるには、時間が限られている。劇的な行動が必要になる場合もある。マインドラボの前ディレクター、クリスチャン・バソンがこのラボにリクルートされた際、このラボはすでに設立から6年を経過していた。このラボは幅広く名を知られ、商務省でも、特徴あるプロジェクトベースのアプローチを確立してきたことから成功と見なされている。だが、体制にさらに深い影響を及ぼす必要があった。

先ほど検証したように、バソンは2007年にマインドラボの第2世代を開始した。ユーザー中心という原理を土台に、より広範なシステムの変革を目指した。だが、ユーザーを中心に据えたシステムの変革とは、容易に実現できるものではない。マインドラボは2011年、自らの変革を再度実施した。2015年には、その新任ディレクター、トマス・リーンの指揮の下、マインドラボは政府省庁とも緊密に連携して、システムというものにさらに深く入り込んでゆき、文化の変革を推し進めた。

破壊的イノベーションのための機会を探りだし、また破壊的プログラムに短期的プログラムを結び付けるうえでモデルは有益となった。初期の成功により、デザイン思考が機能するということを証明する具体的な証拠が得られた。

PART 2　3つの緊張感

そうしたことが相まって、漸進的イノベーションを求めるプレッシャーを軽減することが、ある程度は実現できた。だが、デザイン思考家は、天才的な何かを示さねば、無益であると見なされてしまう。私としては、そうした人たちが破壊的イノベーションの実行にあたって生じる緊張感について別の考えをしているということを探りたかったのである。

破壊的イノベーションの実行にあたって生じる緊張感のリフレーミング

　破壊的イノベーションの実行にあたって生じる緊張感をリフレーミングし、企業は自ら破壊的イノベーションを実現することができるのか？　この問いはクレイトン・クリステンセンの破壊的イノベーションの理論の中核に迫るものである。

　先に述べたように、多くの組織では、クリステンセンのアイデアを受け入れられないようであった。あらゆる機会において、この理論そのものは一斉反撃を受けた。2014年のニューヨーカー誌においてジル・レポアーが、クリステンセンの破壊的イノベーション理論に対し、思慮深い批判を浴びせていた[16]。学者たちの一部も批判に加担した[17]。その懸念事項の1つとして、クリステンセンが取り上げているケースは市場での実績を基に選択されたものであり、そのため、彼の理論も破壊的イノベーションかそうでないかを予測するには、あまり役に立たないということであった。

　一部のデザイン思考家が、技術的および協働的プラットフォームを創造することによって、破壊的イノベーションの実行にあたって生じる緊張感をリフレーミングしていたことに、私は気付いた。

　第3章で、カナディアンタイヤ社のブランドン・リデルを取り上げた。私の彼とのインタビューを覚えておられるだろうが、彼の目指す主要目標の1つとして、組織全体に対し、ラボから新たな最先端のアイデアを提示することがあった。

　これは素晴らしいことだと、私は思った。では、「最先端のアイデア」が破

112

第4章　破壊的イノベーションの実行にあたって生じる緊張感

壊的イノベーションであるのなら、リデルはいったい何をしようとしていたの
だろうか？　「クリスマスの照明です」と彼は私に言った。私は「いいですね」
と少しためらいながら答えたが、最先端のアイデアとクリスマスの照明との間
に、どんな関係があるのか理解できなかった。しかし、リデルは話を続けた。
そこにあるのは、ただのクリスマスの照明ではなかった。商業用語で言えば、
それはIoT（Internet of Things）のクリスマス照明であり、オフィスや自動
車の中などから制御可能であった。

　それでもなお、私は少し落胆していた。最先端のクリスマス照明は、スポッ
クのトライコーダーとは比較にならない。リデルは話を続けた。「私たちは、
IoTのクリスマス照明をサポートするプログラムのプラットフォームを作った
のである。そして、チップセットの種類を決め、その情報をすべて事業部に流
し、事業部の人たちに『君たちは以下のような形でベンダーにアプローチして
ください。もしベンダーが当社と取引したいのなら、そのチップセットを動か
すプラットフォームに必要な情報を彼らに提供すれば良い』というのである。」

　言い換えれば、このクリスマス照明は単発の技術ではなかったのである。リ
デルのグループでは、クリスマス照明を利用して、将来の製品のためのプラッ
トフォームになるすべてのIoTイノベーションの導入を策定していたのであ
る。彼は漸進的イノベーションを利用して、将来のイノベーション、さらに基
礎的レベルでの破壊的イノベーションをもたらすものの基盤を構築していた。

　リデルは続けた。「私たちが構築したIoTのクリスマス照明をサポートする
プログラムのプラットフォームがあれば、もう1つのIoTクリスマス照明を
作るのに、…お分かりのように、以前なら、プロトタイプの作成に何ヵ月もの
時間を要したが、いまは1週間で可能である。つまり、私たちが行ったのは、
一歩退いて、当社の必要とするものを構築することであって、その結果、将来
において、より素早く行動できるようなったのである。」

　これで、このクリスマス照明のすごさが分かった。

　手短に言えば、カナディアンタイヤ社では技術的プラットフォームを活用し
て、漸進的イノベーションと破壊的イノベーションとを結合していたのであ

113

PART 2 3つの緊張感

る。コミュニテック社のクレイグ・ヘイニーによれば、「[カナディアンタイヤ社では]、『デジタルインフラを実際に拡張する』ための技術を開発していたのだ。そのためにコンセプトを形にして、それから最小限度の使用できる製品を作り、最終的に、現実世界の実際の製品にしようとしたのだ。」

ファイザー社も似たようなアプローチを取っていたが、その実現の仕方が異なっていた。ビジネスユニットのレベルでの「ユースケース」に資金を拠出し、そのスケールアップを支援しているのである。ウェンディ・メイヤーは、それがどう機能したのかを説明してくれた。「イスラエルで、新しい技術が出現しているとすれば、当社では適切なユースケースになりえるチームを特定する。ただ、当社ではそうしたパイロット試行や実験にも資金を割り当てる。そして、完了すると…それをビジネスに取り入れ、さらに広い活用に努める。」

デザイン思考家が破壊的イノベーションの実行にあたって生じる緊張感をリフレーミングしていた2つ目の方法として、協働的プラットフォームを創造し、新しい関係を形成するというものがあった。

2002年、P&G社は、まだ再開したイノベーションプログラムの初期段階にあった。同社はその競争相手であったクロロックス社との合意を発表し、食品ラップビジネスでの合弁事業を形成することになった。クロロックス社はGladというバッグやラップで知られており、P&G社の圧縮式食品ラップとを融合させるというものであった。この合意には、競合相手である他社に対しても、視点を変えてみようとする姿勢が表れている。これは、ラフリーの「結び付き、開発せよ」という戦略の一環である。社外の関係やネットワークを構築してゆくものである。この取り決めは正式な合意によって締結され、各メディアでも発表された。

ファイザー社はさらに、社内のデザインラボの枠を越えて、競合他社との関係を築いていった。協働的イノベーションを進めるためであり、相手として競合他社も含まれていた。ウェンディ・メイヤーは「メルク社のことを競合相手として見るのではなく、パートナーと考えられないだろうか？」と問いかけた。肺がん治療のような分野では、臨床検査の被験者が貴重で、見つけるのが困難

第4章　破壊的イノベーションの実行にあたって生じる緊張感

である。そうした被験者を求めて、各社が熾烈な競争を展開している。

だが、メイヤーによれば、パートナーシップも生じつつあった。米国の国立衛生研究所（NIH）は多様な製薬企業数社と協力して、肺がん患者の被験者を募り、患者を彼らにとって最も適した研究に配置するよう尽力していた。「だから、一種の共同でのリクルート活動のようなもので、すべての研究にまたがって協力し、そうした研究を実現可能にするとともに、充分な被験者数で完了させるという意味では、協働なのだ」と、メイヤーは私に語った。

実質的には、NIH はイノベーションのエコシステムにおいて、異質なプラットフォーム間の調整を担っていた。アマゾンが一種の販売プラットフォームであり、そのインフラを多様な企業が共有しているように、デザイン思考家はイノベーターが集まって施設を共有しアイデアに取り組む場所として、協働的プラットフォームも創造した。コミュニテック社もそうした企業の１つでありIDEO の CoLab もそうである。

CoLab では、業界や規模といった境界を越えて企業と企業が結び付けられている。ジョー・ガーバーがそのマネージング・ディレクターである。彼にインタビューをする前に、私は彼のプロフィールを IDEO のウェブサイトで調べた。

「自分は、ビジネスの人たちに対して懐疑的な MBA ホルダーだ」

この一言だけで、私はガーバーのことが気に入った。

ガーバーに協力していたのが、ブロックチェーンとデジタル・アイデンティティの牽引役であったダン・イライツァーである（ブロックチェーンとは、ビットコインの基盤となっているテクノロジーのことである）。そのガーバーが私に語ったところでは、「CoLab は多くの人が意見交換する共有ラボで、複数の関係者の間でリスクを分散しているのだ。IDEO 自体も、そうした共有ラボの１つだ。これは、コンサルティングというベースで行っているものではない。各メンバーと実際に、パートナーを組んでいるのだ。」

115

PART 2　3つの緊張感

　私にとってはビットコインというものは、あまりにも曖昧なコンセプトであったと言わざるを得ない。ブロックチェーンも、まったく不明瞭である。だが、これがどんなものかを理解するのに、テクノロジーに通じている必要はない。要するに、発明家たちを互いに協力させるための適切な方法なのである。これには、私は関心を持った。

　CoLabというアイデアは、IDEOの不満が発端となった。「何年もコンサルティングをしていた後で、当社としては影響を及ぼすことはできているだろうと考えていたのだが、それが実現できず、嫌気がさしていたことがきっかけとなった1つである」とガーバーは、私に語った。

　2つ目の動機は、漸進的イノベーションと破壊的イノベーションとは、共存が難しいということであった。企業各社は破壊的イノベーションを話題にはするが、実践してゆく能力あるいは意志がなかった。「しばしばクライアントは、革命的なイノベーションを求めて当社を訪れるが、実際には、漸進的イノベーションを求めているか、漸進的イノベーションを実行する準備段階にある。そこで、当社としては、革命的なもののための場所を創造したかったのであり、そこはよりリスクをとれるような場所であった」とガーバーは語った。

　私の関心を特に引いたのは、デザイン思考をさらに技術研究の初期段階へと遡らせる必要があると、IDEOが感じていたことだ。CoLabは、大小のイノベーターたちをまとめ、協力し合い、リスクを分散できるようにするため、設立されたものだ。IDEOはこのラボの所有権をメンバーたちと共有し、発見成果についてもそうした。

　ガーバーの話は続く。「メンバーたちに関与してもらうため、多様な方法がある。戦略評議会は、研究課題の策定と、ラボ自体の戦略を定めるのに役立つ。プロジェクトごとに、当社ではメンバー組織の人材を集め、日次および週次でブリーフィングをまとめ、質問に答え、組織内での人脈を構築し、ワークショップで取り組む、といった作業をしている。」

　CoLabの本来の方針だと、各種のスキルやバリューチェーンの各プロセスを代表するメンバーたちを選ぶことになっていた。「メンバーたちが補完し合

116

うようにしたかった。例えば、シティベンチャーズ社も当社のパートナーの1つだ。大手金融機関であるバークレー社やバンクオブアメリカ社、JPモルガン社などを引き入れるつもりはない。そうした役割はすでに私たちがカバーしているからだ。金融サービス企業はいくつもあるが、それぞれ役割は異なる」とガーバーは語った。第2の会員層として、競合企業が参加できるような制度が、後に導入されたのである。

イノベーションに対する努力の相当の部分は、一時的なフェローや客員研究員たちの手でなされた。当初、そうした人材はハーバードやMITの学部生であった。CoLabが成長するに伴い、大学院生や専門家が「メイカソン」（Make-a-thons）や3か月の研修といったイベントを通して、参加するようになった。「そうしたプロジェクトがさらに継続するケースは珍しかったが、［学生がプロジェクトを継続するという］選択は可能であった。そうしない場合でも、自分の興味のある他のプロジェクトに戻り、3か月の起業体験集中コースを修了することができた。」

読者も察していることだろうが、こうした多様なメンバーたちの調整をするのは容易ではなかった。それぞれ関心、文化、そして、どのようなリスクなら容認できるのかについての認識も異なっていたからである。そのため、CoLabは小規模なものにとどめられた。「当社としては、メンバー間のやり取りをさらに意義あるものにし、参加している全員が互いに皆を知っていて、信頼を構築できるようにしたかった。とはいうものの、これは常に極めて困難であった。」

企業各社にはそれぞれの理念や手法があるので、コミュニテック社やCoLabといったイノベーションのエコシステムは色々な意味で、発展途上である。IDEOのCoLabはデザイン思考の応用を目指すということを明確に訴えているが、コミュニテック社で私がインタビューした企業すべてが、デザイン思考を取り入れていたわけではなかった。例えば、トムソンロイターラボのディレクターであるブライアン・ズベルトは、デザイン思考には親しんでいるものの、イノベーションの手法としては「ビッグデータ」の分析の方を好んでいた。

技術のためのプラットフォームと協働のためのプラットフォームを創造する

PART 2　3つの緊張感

ことで、組織で働くデザイン思考家は、破壊的イノベーションの実行にあたっ
て生じる緊張感をリフレーミングしていた。だが、リフレーミングは、知的財
産への関心を薄めると同時に、アイデアの共有に対する覚悟をより強くするこ
とを意味する。ファイザー社では、ウェンディ・メイヤーが、知的財産を伝統
的に大切にする製薬業界における、リフレーミングによる転換を把握してい
た。「［以前なら］、何事も『どれも知的資産だから、自社がすべて所有する必
要がある。当社が帰属権利のすべてを得られなくなってしまったり、当社のす
でに知っていることを学んでしまったりする危険があるため、他の誰とも一緒
に仕事はしたくない。』といった具合だった。でも、そうしたことがすべて、
変わったのである。」破壊的イノベーションは手法であると同様に、マインド
セットに関するものである。そして、協働によって、イノベーションがさらに
（スタートレックのような）超高速移動へと発展してゆく。カーク船長も、承
認してくれるはずである。

【注】

1　こうしたテクノロジーは、プライバシーに関する深刻な憂慮を引き起こしてい
る。例えば、以下を参照。Marrington, A., Kerr, D., and Gammack, J. (eds) (2016).
Managing Security Issues and the Hidden Dangers of Wearable Technologies.
IGI Global: Advances in Information Security, Privacy and Ethics (AISPE) Book
Series.

2　Inman, P. (2016). 'Could a bitcoin-style monetary system spell the end for Brit-
ain's banks?'. *The Guardian*, March 2. https://www.theguardian.com/
money/2016/mar/02/bitcoin-digital-currency-britain-banks. Retrieved September
23 2016.

3　Graduate Management Admissions Council (GMAC) (2013) *Disrupt or Be Dis-
rupted: A Blueprint for Change in Management Education.* San Francsisco, CA:
Jossey-Bass; also Johnson, W. (2015) *Disrupt Yourself: Putting the Power of Dis-
ruptive Innovation to Work.* Brookline, MA: Bibliomotion Inc.

4　e.g. Ernst & Young (2013) *Disrupt or be disrupted: creating value in the con-
sumer products brand new order.* http://www.ey.com/Publication/vwLUA
ssets/Disrupt_or_be_disrupted:_creating_value_for_brand_new_order/$FILE/
EY_Disrupt_or_be_disrupted_lowres.pdf; Accenture (2015) *Disrupt or Be Dis-*

118

第４章　破壊的イノベーションの実行にあたって生じる緊張感

rupted Prescriptions for life sciences in the age of digital medicine. https://www.accenture.com/_acnmedia/Accenture/Conversion-Assets/DotCom/Documents/Global/PDF/Digital_3/Accenture-Disrupt-or-be-Disrupted-Final-Online.pdf. Retrieved September 17, 2016.

5　Mayo Clinic Center for Innovation. http://centerforinnovation.mayo.edu/what-we-do/. Retrieved September 28, 2016.

6　LaRusso, N, Spurrier, B. and Farrugia, G. (2015). *Think Big, Start Small, Move Fast: A Blueprint for Transformation from the Mayo Clinic Center for Innovation.* McGraw-Hill. See also the review of this book: Kellerman, G. (2015). 'Design or Disrupt? The Mayo Clinic achieves patient care improvements through innovation that is incremental rather than disruptive'. *Stanford Social Innovation Review*, Winter.

7　Yale School of Management. Mayo Clinic: Design Thinking in Health Care. http://nexus.som.yale.edu/design-mayo/?q=node/109. Retrieved September 30, 2016.

8　Tushman, M. and O'Reilly, C. (2002). *Winning Through Innovation: a Practical Guide to Leading Organizational Change and Renewal.* Boston, MA: Harvard Business School Publishing.

9　The Balanced Scorecard approach looks at innovation from these four 'perspectives'. It's interesting, and a step forward, but it doesn't link these perspectives causally. See Jonash, R. and Donlon, B. (2007). 'Connecting the Dots: Using the Balanced Scorecard to Execute an Innovation Strategy'. *Harvard Business School Publishing Balanced Scorecard Report*, Reprint B0703A.

10　GAO Report to Congressional Requesters (2014). 'OFFICE OF PERSONNEL MANAGEMENT Agency Needs to Improve Outcome Measures to Demonstrate the Value of Its Innovation Lab'. http://www.gao.gov/products/GAO-14-306. Accessed October 12, 2016

11　Hicks, J. (2014). 'Can OPM's 'innovation lab' live up to its Silicon Valley billing? May 2. https://www.washingtonpost.com/news/federal-eye/wp/2014/05/02/can-opms-innovation-lab-live-up-to-its-silicon-valley-billing/. Accessed October 12, 2016.

12　Baghai, M., Coley, S. and White, D. (2000). *The Alchemy of Growth: Practical Insights for Building the Enduring Enterprise.* New York: Perseus Publishing

13　Nagji, B. and Tuff, G. (2012). 'Managing Your Innovation Portfolio'. *Harvard Business Review*, May. Reprint no. R1205C-PDF-ENG

14　Keeley L., Walters, H., Pikkel, R., and Quinn, B. (2013). *Ten Types of Innovation: The Discipline of Building Breakthroughs.* Hoboken, NJ: John Wiley & Sons.

PART 2　3つの緊張感

15　Carr, N. (1999). 'Visualizing Innovation' *Harvard Business Review, Sept-Oct.* Reprint F99501

16　Lepore, J. (2014). 'The Disruption Machine: What the Gospel of Innovation Gets Wrong'. *The New Yorker*, June 23.

17　Dombrowski, P. and Gholz E. (2009). 'Identifying Disruptive Innovation: Innovation Theory and the Defense Industry'. *Innovations*, 4, 2 (Spring).

第5章
視野の違いによって生じる緊張感

アウトサイドインの視点

　それは明るい冬の朝であった。ゴシック調の窓からオオハンゴンソウの影を照らしながら、トロント大学のゼミ室に朝の光が差し込んでいた。大病院からきた医者と看護師の42名が私に対して懐疑的な目を向けていた。医者や看護師たちは患者経験を学習するためにそこにいたのである。デザイン思考が彼らに何をもたらすのか、つまり、私が患者について何を教えることが出来るのかということに関して懸念していることは疑いようがなかった。

　深く息を吸って、私は医療による患者のカスタマージャーニーを表現するため、黒板に線を引きセッションを開始した。私は医者および看護師のグループに質問し、このカスタマージャーニーから何が起こるのかを質問した。医者や看護師の表情から彼らが明らかに困惑していることはわかったが、議論を行う日の最初であったので、医者や看護師たちは大目に見てくれた。それに続く議論からこのことは明らかだった。

　そのグループは、病院の様々な部門からチームを構成していた。また、カスタマージャーニーがどこで始まり、どこで終れるのかに関してのコンセンサスはなかった。参加者のほとんどは、患者が彼らの部門（救急、放射線、外科）に入った時に、そのカスタマージャーニーが始まり、患者が部門を離れるとカスタマージャーニーが終了するというものであった。参加者の中ではごくわずかであるが、患者のカスタマージャーニーは患者が病院のドアから入る時に始まり、患者が歩いたり、車椅子に乗ったりするときに終わるだけの人もいる。

　これがどのような意味をなすのか分かるだろう。このチームから見れば、重要であるただ一つのことは、彼らのドアを通り抜けた患者に可能な限り最良の

PART 2 3つの緊張感

治療を与えることだった。しかし、患者からすれば、医療は、典型的にはかかりつけの医者を訪れてから、うまくいけば、回復して終わる長いジャーニーなのであった。

この違いは重要だった。ダニエル・オフリ博士は、**ニューヨークタイムズ紙**に中年の糖尿病患者を深遠に洞察したことについて寄稿している[1]。血糖量が危ないほど高いことにショックを受けていた中で、さらにショックを受けたのは、その患者が糖尿病および血糖量をコントロールする必要性に十分に気づいているということであった。しかしその血糖量をコントロールすることは、患者にとっての優先事項ではなかった。オフリ博士は以下のように記述する。「私の患者にとって、患者の広角レンズは、生活の全体へと広がっていて、糖尿病はその中でほんの一部分でしか無かった。私に割り当てられた20分の中で、私のレンズは、厳密に患者の健康に最も重大で直接の危険をもたらす疾病に集中した。」オフリ博士にとって、その問題は患者の血糖量を下げることだった。それもできるだけ早くである。しかし、オフリ博士の患者はその問題を違った風に見た。タクシーの運転手として、彼はファースト・フードを常食にし、運動する機会がほとんどなかった。タクシーの運転手は、彼の血糖量をコントロールする重要性を悟った。しかし、そのタクシーの運転手には、対処するべき他の多くの問題があった。

これは「インサイドアウト」の視点と患者側のヘルスケアシステムに対する「アウトサイドイン」（すなわちユーザー）の視点の違いを明確に示した例である。ここでのインサイドアウトの視点は、専門家や機関によるもので、患者に向けられるものである。オフリ博士の名声のために言えば、オフリ博士は、患者の視点を考慮に入れずに、この個人を治療する見込みはないということを理解していた。オフリ博士は、患者と相談して計画を考えることに時間をかけた。

ヘルスケアに関わる組織だけでなくほとんどの組織はインサイドアウトの視点を採用しているので、デザイン・プログラムの共通のゴールは、アウトサイダー（すなわちユーザー）の視点に持ち込むことである。大きな問題は、組織ではユーザーの視点を持ち込むことが難しいということである。複雑な組織で

は、何かを行うためにはインサイドアウトの視点が必要となる。重大で強力な顧客層はデザイン思考家が思いつく問題解決の実行を可能としたり、あるいはブロックしたりする。

3番目の緊張感は、視野の違いによって生じる緊張感である。デザイン思考家はユーザーの視点を強調する傾向があるが、他の視点を考慮する必要がある。視点の違いがもたらす緊張感の最も一般的な徴候は、デザイン・プログラムから出て来るアイデアの実行の失敗である。本章では、私はこの緊張感およびデザイン思考家達がどのようにそれをリフレーミングしているかについて議論する。

ユーザー中心的であることの何がそんなに悪いのであろうか

ユーザーは重要であるが、ユーザーに集中した視点を長く保持するのは難しい。さらに、ユーザーの視点はただ一つではない。すべての組織はプロジェクトを生み出すための内部実施システムを用いる必要がある。その上、ユーザー以外に組織の外部で考慮するべき重要なステークホルダーもいる。

共感は、我々がヘルスケアの従事者に必要な資質としたが、それは以下のような理由のためである。共感はマネジャーや官僚機構よりも、ヘルスケア従事者に**求められる**ものである。我々は、ヘルスケア従事者が我々の苦痛を理解してくれて、かつそれに関して何かをするのを支援してくれることを期待する。また、ヘルスケア従事者がその問題を特定できない場合でも、我々が今までに経験していることを十分理解するのを少なくとも期待する。多くの場合彼らはそれをうまくやっている。

デザイナーもまた共感を、異なる方法で取り組む。デザイナーにとって共感とは、製品またはサービスのユーザー経験を理解することである。すなわち、それがユーザーにとって何を意味し、それが創造するのはどんな感情なのか、それが生活に適合する場所で他者との関係にどのように作用するのか、あるいはどのように作用されるのか、すなわちどんな難問を生みだすのだろうか。こ

123

PART 2　3つの緊張感

れは、ヘルスケアの中で実行されたものよりはるかに広い範囲での共感となるものであり、現象学的な哲学の伝統に基づくものとなる[2]。

デザイナーの共感はヘルスケアだけでなく、ユーザーが重要な状況な場合にも不可欠である。第2章において我々が取り上げたオーストラリア国税局（ATO）のケースでは、チームは納税者の視点から世の中を見始め、オーストラリア国税局における視点を変えることで劇的効果を見出したということである。私は、いろいろな組織でそのような変更を何度も見てきた。

医者が患者の視点から見るべきであるというのは明らかなようである。それは、経営者が顧客の観点から物事を見るということと同様に明らかなように見えるし、政府が市民の経験を強調するべきであるということと同様である。顧客中心主義はマネジメントの師によって十分に伝えられているということは、誰もが知っていることである。しかし、経営者たちはめったに行わない。多くの場合、経営者たちは、ユーザーとの直接の接触をほとんど持っていない。経営者が行う場合でも、通常、ユーザーは好意的部外者として捉えられている。

ユーザーが部外者となってしまっているのは、以下のようなことから明らかに理解できる。組織の内部は複雑である。組織内部のチームはこの複雑さを管理することに集中する傾向がある。そのため最終的な受益者を見失いやすい。組織の中が「戦場である」という考えになってしまう。この中で重要なのはエンドユーザーではなく同僚との関係になる。これらの要因によりデザイナーの共感を組織が長期間維持することが難しくなる。

それは、年を取った女性や若い女性に見える有名な光学的錯覚に似ている。この錯覚についてを知っている場合、年上の女性から若い女性に視点を切り替えることができる。しかし、2つを同時に見ることはできない。同じ方法で、インサイドアウトとアウトサイドインに同時になることはできない。

実際は、アウトサイドインになることで、あなたはデザイン思考になる。製品とサービスは、ユーザーの利益と組織の利益の妥協である。また、内部視点はユーザーの視点と同じくらい正当である。病院では、ほとんどは医療スタッフの同意なしに、何かがなされることはない。手をきれいにするためにディス

124

第 5 章　視野の違いによって生じる緊張感

図 5.1　年を取ったあるいは若い女性：錯覚*

ペンサーを取り入れようとした人々にこのことを尋ねてみよう。**ニューイングランド・ジャーナル・オブ・メディシン**で、アチュル・ガワンデは、アルコール・ディスペンサーに対してスタッフが抵抗することでその採用を妨害された経緯を説明した。

「我々のスタッフが、最近採用した60パーセントのアルコール・ジェルを受け入れるのに1年以上必要とした。ジェルが有害な室内空気を発生するのではないかとスタッフが恐れたために（それはそうではなかった）ジェルの導入は最初阻まれた。次に、それとは反対の証拠があったにもかかわらず、皮膚に刺激することがより多いだろうという心配事が起こった。したがって、アロエを含めた製品が取り入れられた。人々はアロエの匂いをいやがった。したがって、アロエは取り出された。その後、ジェル

＊　漫画家 W. E ヒルに帰属しているもので、アメリカの雑誌 Puck（1915）に掲載されたものである。このイメージは、通常、初期のドイツの葉書から派生したものである。他の幻覚として、例えば、ウサギとガチョウの幻覚は、同様の効果がある。

125

PART 2　3つの緊張感

が妊娠を妨げるという噂が広まったため、スタッフのうちの何人かはジェルを使用することを拒絶した。アルコールが全身に吸収されないと病院の不妊治療医がジェルの使用を承認したという証拠を感染制御部門が広めたことで、この噂はなくなった。」[3]

　ユーザーの視点だけが不完全であるわけではない。もしそれがあなたの視点のみである場合、無責任とさえ言えるかもしれない。我々が運転する自動車は環境のためにではなく、我々の快適さに適合してきた。伝統的な生活様式を破壊しながら、一方で地域のコミュニティの資源開発によって我々は大都市を構築している。社会は全体として教育のデザインに関わり学生に注目することだけでなく、教師、両親、納税者および政治的および商業的に関心を持つ人のことも考える必要がある。

　組織にいるデザイン思考家に対して、視野の違いによって生じる緊張感は重要な挑戦となる。インサイドアウトの組織ではユーザーの危険性を無視する。しかし、組織の中でユーザーの視点を表明すると、それもまたアウトサイドインでありすぎる。主要な内部・外部のステークホルダーの視点が得られない場合、最もユーザーに集中したイノベーションは日の目を見ないかもしれない。あるいは、インパクトをほとんど持たない。

なぜ視野の違いによって生じる緊張感は発生するのか

　視野の違いによって生じる緊張感は、大きな組織にあるやっかいな複雑さから発生している。この複雑さのために、組織はデザイン思考をリードするのはやっかいな問題であり、これをうまくやるリーダーは滅多にいない。

　我々は、第2章で"やっかいな"問題を取り上げた。どこに大きな課題が生み出されているのかという問題が、問題そのものを決定しているのである。大きな組織ではやっかいな問題となる。すなわち、複数の競合するステークホルダーが含まれる複雑な環境、重複するシステムを取り扱うことのあいまいさと

126

第5章　視野の違いによって生じる緊張感

いう問題である。特にエンドユーザーがイノベーションの内部「ユーザー」より重要であることが必ずしも明白とは限らないので、ユーザーに集中したデザインはそのような環境において容易ではない。何かを遂行するために、競合する視点を一致させるには、卓越したリーダーシップが求められる。しかし、これは多くの場合、欠けている。

マインドラボに所属するクリスチャン・バソンは、政府の複雑さがそれ自体やっかいな問題であると私に伝えた。「社会には問題の複雑さとやっかいさがある。また、我々が設計したシステムにも複雑性とやっかいさがある。それらのシステムは18世紀にさかのぼる遺産である。また、それには、規則や手順、物事の実施方法のうえに何層にも重ねた沈殿物がある。デジタルメディアやソーシャルメディアおよびガバナンスの近代的なアイデアを組み合わせて、全体のミックスがそれ自体で巨大な複雑性を持つ。」

政府が極端な例である一方、組織的な複雑さは大きな民間部門組織の中で見られないわけではない。クリス・ファーガソンはブリジブル社（図5.2）、トロント・デザインシンキングコンサルタント社の創立者およびCEOである。背が195センチと高い彼は、デザインに対する伝染性の情熱を持ったフレンドリーな巨人である。公共部門と同様にヘルスケア、金融サービスおよびテレコミュニケーションにおけるフォーチュン500社クライアントの広い経験から、彼は、イノベーションを実行する際の困難さについて正しく気づいている。

ブリティッシュコロンビア州にあるビクトリアで夕食をとりながら、我々はファーガソンが遭遇した挑戦のうちのいくつかに関して議論した。「私が見た1つで言えば」、ファーガソンは私に伝えた。「誰もが、マトリックス・モデルをより進めようとしている。多くに向けて働こうとする。そして、私は、我々がみてきたほとんど、組織が本当に苦労していると思う。」マトリックス組織は、オペレーションを統合する方法と見なされていた。しかし、組織は、他部門と連携しない仕事のやり方から脱却するのに大変苦労した。「他部門と連携しない仕事のやり方は顧客の実態に即していない。顧客の実態は必要な部門と一致しないにもかかわらずである。」少し悲しんで、ファーガソンは首を揺さ

図5.2　ブリジブル社での仕事：ブリジブル社によって提供されるイメージ

第5章　視野の違いによって生じる緊張感

ぶりほくそえんだ。「それは「鶏と卵の関係」のようなものである。私は、実際に上手になされているのを見たことがない。」

第2に、膨大な数の関係者がイノベーションの実施を困難なものにするかもしれない。「これらの非常に多くのステークホルダーを意思決定に関与させている」とファーガソンは続けた。「したがって、表において 12 の異なる機能を示すことになる。例えば…TELUS 社の 12 のグループとジェネンテック社が行う 18 の異なるグループがある。」

私は、このことに共鳴した。そのころ、オーストラリア国税局のジョン・ボディへのインタビューで私を困らせている何かがあった。そのとき彼は、オーストラリア国税局での「アハ」（目からうろこが落ちる）体験と関連付けていた。つまり、リチャード・ブキャナンが個々の納税者は「税制」をみておらず、自分の経路しか見ていない、とコメントしたのである。

私は、この真実を否定することができなかった。実際、個々の納税者の側の問題であった。しかし、個々の納税者に焦点を当てすぎていた。もちろん、オーストラリア国税局はユーザーを考慮する必要があった。しかし、一方で税制が**存在**していた。また、税制はよい経験をもたらす場合もあれば悪い場合もあった。税制はオーストラリア国税局の組織自体、その構造、プロセスおよび人々を含んでいた。オーストラリア国税局内部のステークホルダーについて話さずに、ユーザーの経験について話しても意味をなさなかった。

サービス・デザインの著者：クリス・ファーガソン

ファーガソンはサービス・デザインと経験デザインに焦点を当てたデザイン思考の主要人物である。定評のあるデザイン会社のブリジブル社は、企業、NGO、政府機関の顧客にプロジェクトを提供する。ファーガソンはビジネススクールやトロント大学ロースクールで教えるなかで、サービス・デザイン・カナダ社の共同創立者で

あり、諮問委員会に参画し、論文やレポート、書籍、そしてプレゼンテーションを通して、できる限りの情熱を共有する。デザインに対するファーガソンの熱意は伝染的である。

ファーガソンはデザイン・イニシアチブが多くの組織で成功したり、失敗したりするのを見て、デザイン思考におけるリーダーシップの役割について提供するための素晴らしい洞察を持っていた。

したがって、デザイナーが組織内部のステークホルダーを考慮に入れるとしたら、そのステークホルダーはエンドユーザーより重要なのだろうか。もちろん、これは間違ったトレードオフであるが、多くの場合、ごく当たり前だった。TUデルフトの同僚であるフライド・スムルダーズと私は、デザイナーが内部要素をどのように考慮に入れたか探究するために大きな自動車メーカーの設計工程を分析した[4]。我々が発見したのは、デザイン・チームが、エンドユーザー、すなわち「ドライバー」のニーズを理解するためにユーザーのペルソナのような、協力的なワークショップおよびツールを使用している一方で、デザイン・チームは、内部ステークホルダーが考えたことについて、より関心を持っていなかったということである。それどころか、デザイン・チームは、内部のステークホルダーを「フラットランドに住む人として」視野が狭いと考えて、軽蔑の念をもっていた[5]。

すべてのデザイン・チームがこのように内部「ユーザー」を無視するとは限らない。しかし、多くの外部・内部の「ユーザー」がいるところで、あなたがどれを優先的にするかが実際の問題となる。

クリス・ファーガソンにとって、デザイン・チームのユーザー中心的な創造的思考の強さを組織のニーズに調和させるというのは統合の問題であった。これは3番目の問題、リーダーシップに依存した。「私は、それは「誰がリーダーか」に至るものであると思う。リーダーは、創造性を生み出す前線において信頼性を生み出すだけでなくビジネスの前線においても信頼性を生み出すことができるのだろうか。両方が出来る人々はまれである。もし、片方の観点しか持っ

第 5 章　視野の違いによって生じる緊張感

ていなければ、その役割を果たすために本当に苦闘するだろうと思う。」

これは本当のことである。しかし、我々が3章で見たように、それはリーダーが誰というだけでなくリーダーシップが安定しているかに関係していた。P&G 社において、デザイン思考は 2009 年に引退した A.G. ラフリーが熱烈に支持していた。ボブ・マクドナルドがラフリーの後任になったが、4 年間の混乱の後、担当を外れた。2013 年にラフリーが担当として戻ると、デザイン思考は加速され、2015 年にデビッド・テーラーへと引き継がれた。この期間を通じて、デザイン能力のリーダーシップはさらに数回変わった。

P&G 社の分散型モデルの下で、デザイン思考は事業部の中に普及させるという状況では、事業部自体のリーダーシップも重要であった。そして、そのリーダーシップは定期的に変わってしまうものでもあった。「新しい部長がくるということは、戦略を変更する新たなトップが来るということだ」とホリー・オードリスコルは言う。これらの変化で、以前のリーダーシップの下で乗り出されたアイデアは、再評価の対象となる。

「ユーザー中心のデザイン」は、実際のところ過度に単純化しすぎている。それぞれが正当な利害のある膨大な数のステークホルダーは、実際のユーザーが誰であり、どの視野を考慮に入れるべきか完全には確信できないことを意味するのである。ユーザーが誰であるのかが明確に欠如しているとき、異なる視点を統合するリーダーシップを強く求めることになる。しかし、そのリーダーシップは多くの場合、不安定すぎるので、長期の間、当てにすることができない。

ステークホルダー、リーダーおよび利害関係者の勢力図が変化し、曖昧となることは、視野の違いによって生じる緊張感を生じさせるのである。

視野の違いによって生じる緊張感のインパクト

視野の違いによって生じる緊張感の結果、デザイン思考プログラムから生み出される素晴らしいアイデアは実行の段階で四苦八苦する。プロジェクトが実

131

PART 2　3 つの緊張感

行される場合、そのアイデアは多くの場合、元々のアイデアとは全く異なった
形になり、デザイン思考チームによって思い描かれたユーザー経験と全く異な
るものになる。

　我々は、リーダーシップが頻繁に変わることで P&G 社が組織的慣性の影響
をうけると分かった。事業部が注意する方に向かってジグザグに航行すると、
デザインに導かれるイノベーションはふらついてしまう。他のデザイン・チー
ムはさらにそれらの組織の残りと歩調を合わせられない。ファイザー社では、
イノベーション単独の部門は閉鎖された。その理由としては、「イノベーショ
ンに対して本質的にアレルギーをもっている既存の組織に新しい革新的なアイ
デアやスペースを組み込むためである」とウェンデイ・メイヤーは言った。同
様に、マニュライフでは、ロッキー・ジャインが以下のように答えた。「我々
が問題を解決することができ、ソリューションを創造することができるペース
は、マニュライフのキャパシティを超越するかもしれない。何か驚くべきもの
を創造するかもしれないが、このペースの中で作り出したものを今ではどのよ
うに利用するのかが課題となる。」

　他の状況の中で、イノベーションが実施システムによって向上すると、イノ
ベーションは大幅に修正されるようになる。つまり、我々は第 4 章で、破壊的
なイノベーションとしてスタートしたアイデアが、どのように漸進的なイノ
ベーションになってしまうのかをみてきた。それは異なるユーザーグループが
別々にアイデアを投入することにより複雑性が増すので、その結果あまりユー
ザー中心的ではなくなる。

　私は、イノベーションが組織の他の部署にさらされるようになると、どのよ
うにイノベーションが破棄されたり、急速に変化したりするのかということに
ついての物語と、さらにその後の物語について聞いた。一旦デザイン・チーム
がアイデアのコントロールを失ったならば、何が発生するか不明である。カナ
ディアンタイヤ社のブランドン・リデルは次のように言った。「我々がプロト
タイプをちょうど作り上げ、フェンス上にそれを軽く確認し、彼らが後にそれ
を管理する方法を知っていることを望むだけでは十分ではなかった。多くのも

第5章　視野の違いによって生じる緊張感

のが取り壊されており、様々な方法で完全に元通りにもどってしまった。したがって、イノベーションは、いったんこの環境から離れてしまうと、我々のビジョンが製品のために設定したことや、初期のプロトタイプがなんであるのかということから極端に離れてしまうのである。」

このパターンは典型的だった。サンフランシスコにある IDEO を訪問するため、私が教えている学生だったデイビッド・エイカンと一緒に向かった。教育を受けたエンジニアであるデイビッドは、ベイエリア（サンフランシスコ湾地域）を刺激的にする知識人でもあり、何でも屋でもあり、起業家でもある。多くの IDEO のクライアントとの接触から、彼は、内部視点がどれくらい重要か分かった。

デイビッドのプロジェクトであるクリエイティブ・ディファレンス[6]は、組織の創造性を測定し、改良分野を示すツールである。ツールは、従業員が組織の外のインスピレーションに対して目を向ける程度を分析し、また、イノベーションを実行する中での共同作業および権限付与の役割を分析した。

彼が見た結果はこの緊張感を反映したものであった。「我々が見た多くの伝統的な企業の中では、デザインはエンジニアリング部門に任せっきりであり、その後は細ごまとした問題すべてをエンジニアリング部門で解決する。その時には本来のビジョンや目的と必ずしもつながる必要は無かった。」

メッセージは明らかだった。デザイン思考家が実際にそのアイデアを実行し、時には破壊的イノベーションによって得る生活を犠牲にするかもしれない人々に注意を払わなければ、そのアイデアは、それらの当初のゴールからほど遠いものになるだろう。

視野の違いによって生じる緊張感のマネジメント

デザイン思考家は視野の違いによって生じる緊張感の管理に対して多くの戦略を持っている。これらのどれも「スラムダンク（簡単なこと）」として説明することができなかった。しかし、各々は、それぞれ長所および問題がある。

133

PART 2　3 つの緊張感

それらはつまるところ 2 つの方向になった。内部ステークホルダーが最終生産物を設計することを可能にした「未完成の」イノベーションを広めることにより、コントロールの程度を緩めることである。そして、共同作業の場で様々な手段を使ってイノベーションの実行プロセスにおけるデザイナーの担当範囲を広げる。

カナディアンタイヤ社のクリスマスの灯かりのためのプラットフォームは、我々が第 4 章で見たように、他部門に自分のイノベーションを行う柔軟性を与えることによりコントロールの程度を緩める方向に向かっていた。そうする中で、この方法は、デザイン部門がイノベーションを「所有し」それを発生させる可能性があるだろうことを意味した。

プロトタイプを引き渡すことによって、デザインプロセスで生み出されたプロトタイプを現実に適合させようともする。トロント・ドミニオン銀行は、ワーテルローにあるコミュニテック社の研究所からそれほど遠くないところに技術開発のための 150 人の事業をセット・アップした。クレイグ・ヘイニーは言った。「そこで分かったことは、［イノベーション］研究所がかなり特定した役割を果たすということである。現状の企業は必ずしもこの役割を十分に取り入れることができないため、これらの外部チームを構築して、プロトタイプの次のレベルの製品化を促進する必要がある。」

デザイン思考分散型モデルを持った組織では、デザイン思考家が様々な部門に送りこまれたが、プロジェクト実現について関心は薄かった。P&G 社では、デザイン思考の役割は、自分の部門に戻りデザイン思考を普及させるデザイン思考家を養成するほど多くの解決策を出すことはできなかった。ホリー・オードリスコルは、デザイン思考訓練の解決策に強い関心があったが、実行は各部門の責任とされた。彼女にとって、実際のアジェンダはマインドセットを変えることだった。

オーストラリア国税局はさらに「ハンドオフ」アプローチをとった。プロジェクトへの直接的な支援を要請された場合、助けを与える代わりに、ジョン・ボディは、その部門に対し、一人のデザイン・ファシリテーターを派遣し

134

第 5 章　視野の違いによって生じる緊張感

た。デザインの役割を担うそのハブは、組織内の各部門がそれぞれの問題を解決することを可能にしながらデザイン能力を広げていき、次にはオーストラリア国税局の実践コミュニティの一部になるだろう。部門内で生じた問題を解決することで改善の機会を得られた。

　この分散型アプローチの悪い面の１つは、組織の範囲を超えてイノベーションを起こすことがあまりないということである。しかしながら、オーストラリア国税局の実践コミュニティは、共通言語および共有される挑戦についての有望な議論の創造により、自己中心的なやり方を克服していった。しかし、イノベーションの複雑性が増加するようになると、それらによって影響を受ける組織を横断して存在する様々なステークホルダーに従事することはさらに重大になる。

　視野の違いによって生じる緊張感を管理する第２の方法は、デザイナーが実行プロセスに従事することである。この方法で、ティム・ブラウンおよびロジャー・マーティンは、実行へのパスがそれ自体でデザインのタスクであると主張した。ブラウンとマーティンは2015年にハーバード・ビジネス・レビューにその課題に関して論文を寄稿していた[7]。「非常に複雑な人工物の場合、それらの「介在」（現状の中への関与）のデザインは、人工物それ自体のデザインよりも成功にとってより重要である。」この理由で、何人かのデザイン思考家は、コントロールの程度を緩める代わりに、実行にもっと没頭するようになった。ブラウンとマーティンは、デザイン・チームがプロトタイプと洞察の間で頻繁に行き来して、ステークホルダーと詳細に協力する必要があると主張した。また、紛れもなく重要であるが、ステークホルダーに従事することは実際には非常に難しい。複雑で多くのイノベーションがある中で、ステークホルダーに従事する業務には、忍耐と柔軟性そして適切な尺度での頑強さが求められる。

　デザイナーは内部ステークホルダーとの議論に独自の視点をまさに提供しようとするのである。マインドラボを訪れた時、この点を強調するクリスチャン・バソンの方法を私は好んだ。それは、システム内の臨界圧ポイントに焦点

135

PART 2 3つの緊張感

を当てる「組織的な針治療」である。バソンが私に話すところによれば、デザイナーたちは、問題フレームおよび理解の方法に疑問を持つことによって組織の全体にわたる談話にユニークな貢献をすることができた。しかしながら、これは、簡単に実行できるものではなかった。

マインドラボはほとんどの場合、政策開発に関係していたが、それはブラウンとマーティンが単に示唆したことをしっかりと行っていたことを意味する。政策策定者と実行担当者を同時に部屋に入れて建設的な議論を促進することで、実行プロセスの範囲を広げる。これらは極めて興味深く、我々が伝統的にデザインと考えているものとはかけ離れたように見えた。

バソンはこの点を認めるが、私に「伝統的な」デザイン・スキルがこの種の相互作用にどのように役立つことができるかを説明した。彼のデザイナーの同僚の1人は、彼にデンマークの雇用形態、教育制度および営業支援システムの中で生成されたデータ・ストリームのビジュアル化を示した。コンテクストはデンマークにおける高度な生産の将来およびデンマークはどのように生産国家として支援されるべきか、ということに関係した。バソン曰く、「第三次産業革命のようなもの」である。

「現在、それは、どのガバナンス構造が適所にあり、どの政策努力が適所にあるか、また、どのデータが生成されるかについて、全く精巧な議論となっているのである。」しかし、デザイナーは議論に特有さを提供する。「デザイン・スキルは、システムにおいて意味があり、理解し得る方法の中でシステムを視覚化することである。」視覚化したものを表で示すためにマインドラボのデザイナーたちは経済学や法学をマスターしなければならなかった。しかし、デザイナーたちはまた、エスノグラフィーや人類学の研究を通して、エンドユーザーからユニークな洞察を引き出した。それは、ビデオ、オーディオやノート、およびデザイナーたちが製造業に対して行ったインタビューである。デザイナーはストーリーテラーであり、システム内のユーザー支持者でもあり、それによってシステムに簡単に集中する可能性がある。

伝統的なデザイン思考はまだ根強い。初期のデザイン思考の調査で私は、ブ

136

リティッシュコロンビア大学のアンナ・キンドラー学長補佐にインタビューした。キンドラーはポーランド生まれで、産業グラフィックデザインの専門家で、上級管理の仕事につくまでに様々な専門的な役割をもって働いていた。インタビューの時、私は、一流大学の官僚組織で幅広く働くデザイナーに好奇心をそそられた。それは、制約および組織的な政治を不快に思うような自由な精神を持つデザイナーというイメージを抱いたからである。彼女のコメントを聞いたとき、それは私が極めて重要なひらめきを得た瞬間だった。バソンが私に彼の話を伝えたように、それらは再び議論の焦点となった。

「私がデザイナーとして訓練を受けてきたことと、大学の上級管理者としての仕事の間にあるつながりの一つは、常にデザインしていることに私が魅力を感じたことに関係がある」とキンドラーは私に伝えた。「それは問題を解決するだけでなく、実際に、彼らが直面する問題を実際に**発見**するのである。デザインの本質に対する私の態度は、生命を通じて歩みを進めるように、物事がどのように改善されるかどうかを積極的に考えるということである。したがって、デザイナーであるということは専門能力を持つということと同じくらい重要な考え方である。また、私は、同じ考え方が学術的なリーダーシップの成功を補強すると信じる。」

したがって、デザイナーはスキルやデータをテーブルに入力するだけでなく別個の視点ももたらすかもしれない。これらの会話はどうすれば生じるだろうか？悲しいことに、なかなか起きないものである。

トロントのブリジブル社での１つのプログラムが、ある製薬会社で「患者を軸にしたハブ」の確立にかかわっていて、患者の経験のデザイン思考の支点として作用した。他のステークホルダーが関わろうと努力したにもかかわらず、自己中心的なやり方は持続した。クリス・ファーガソンは私に伝えた。「私は、摩擦、すなわち大きな挑戦となるものであるが、［デザイン思考家］に協力するようステークホルダーが動機づけられないということであると思う。彼らには自分の仕事がある。したがって、研究開発の部門の人々は研究開発に集中する。患者の安全性および情報に関わる人々は患者の安全性および情報に集中す

PART 2　3つの緊張感

る。彼らは、患者を軸にしたハブとなる人に協力しに行くモチベーションを有していない。」

　もちろん、それは障害だった。一方では、あなたが組織の他の部門に実行させるのは、あなたが結果に対するコントロールを失うことを意味する。他方においては、あなたが実行プロセスに従事しようとすれば、デザイン思考家として、多くを提案ができるが、強い逆風があなたに向けて吹くだろう。誰も、視野の違いによって生じる緊張感への明確な答えを見つけられないように思える。

視野の違いによって生じる緊張感のリフレーミング

　私が話したかなり多くの人々は、緊張感について理解するが、一方、それを他の表現で表しているかもしれない。ホリー・オードリスコルのような問題に関心を持っている人はほとんどおらず、成功をマインドセットの変化として定義するか、他者が開発するのを助けたアイデアの数として定義するかもしれない。しかしながら、ほとんどの人がその緊張感を重要なものとして見ており、また、何人かは、全組織をデザインにむけて努力するようにしたプログラムを通じて視点の違いがもたらす問題をリフレーミングした。もう一つの興味をそそる方法は、ユーザーの視点を取ることと同様にシステムの視点を採用することであった。実際に、実行のシステムとして組織の他部門を扱い、かつユーザーに集中した視点に統合することである。

　最初のアプローチの鍵となるのは、組織全体に関わるもので、強いリーダーシップであるように思える。ブリジブル社の患者を軸にしたハブ・プロジェクトは意識的に設計された「草の根ムーブメント」の例だった。IDEO のマシュー・チャウと私が最初に議論した内容に沿っていて、その際、チャウがトップダウンの「決定」に対立するものとしての「ムーブメント」を設計することを主張した。

　患者を軸にしたハブは組織内で患者の視点を提供するインテグレータ・チームと見なされていた。チームには、研究開発、マーケティングなどのような特

138

定の機能部門に属した個人を含んでいた。彼らは我々がこれまでみてきた自己中心的なやり方にまだ固執していた。

異なる製薬会社に対して、これをブリジブル社の他のプロジェクトと対比する。この場合、「我々はCEOと経営陣によって引き入れられた。それはまさにトップダウン処理だった。本質的に、我々が行ったのは、ブランド計画策定プロセスをハイジャックするためにCEOや経営陣と我々とで仕事をしたということだった」とクリス・ファーガソンは言った。チームは、ブランド立案に対して、ブリジブル社の指導の下で、設計ツールの使用を決定した。

どちらのアプローチも完全ではなかった。「患者を軸にしたハブにある大きな賛成意見は本質的で草の根アプローチであり、特定のプロジェクトに作用し、かつ実現できそうなことを示す能力だったと思う」とファーガソンは私に伝えた。しかしながら、我々が以前に見たように、他の部門が従事することはまだ困難だった。「反対意見はそうである、それは全組織にわたって一定でない。〔他の部門〕がそれをしたい場合、彼らはそれをする。彼らはしたくない場合にはしないのである。」

一方、トップダウン方式は「チェックボックス（チェックリスト）」プロセスになる。「彼らは言うだろう。「オーケー。私はジャーニーマップを作った。よろしい。さて、私は何人かの外部ステークホルダーといくつかのアイデアのプロトタイプを作った。」それは広い範囲に渡るもので、一貫しているが、インパクトがあるのだろうか？多くの場合、私は、インパクトのあるものとして見てはいない。」

もし、トップダウンおよびボトムアップのどちらのアプローチでも組織に関わる際に100％成功することがない場合、その２つを統合したモデルがあったか。ファイザー社のデア・トゥ・トライプログラムでは、両方の要素があるように思われる。我々は第３章で、これがどのように組織を動かし、組織文化を変化させるのかを考察した。

プログラムは従来どおり十分なスタートを切れた。「上級のリーダーがいた」とウェンデイ・メイヤーは私に伝えた。「組織が革新的になるように命じ続け

たと感じたので、それは非常に強い味方であり、スポンサーだった。しかし、組織の人々は新しいアイデアを考え出さなかった。リーダーはうまくいっていないと感じていた。」

そのため、メイヤーはプログラムをデザインし、そのときに、組織の構成員にアイデアを考え出す権限を与えるため訓練型実験と呼ばれるものを考えた。また、メイヤーのイノベーション・チームは自部門にこのプログラムを展開するため、メイヤーと協力した。小さい規模においては、それは有効だった。「それは十分に機能していた。CEO［イアン・リード］は、実際にアウトプットのいくつかをみて、こういった。「私は組織全体にこの能力が行き渡るところを見たい」と。」そこでデア・トゥ・トライと名前を変え、これを広げた。

デア・トゥ・トライには、3つの必須となる要素がある。すなわち創造的な問題解決、デザイン思考およびリーン実験である。リーン実験には、プロトタイプ・アイデアを開発し、どこに可能性があるのかを評価し、基礎的前提と成功要因を識別し、迅速な実験を行い、仮説が支持されない場合に展開するために準備し、そして、アイデアの一層の反復および発展を含んでいた。

そのプログラムは、デザインと実行の視点を組み合わせようとする。しかし、このようなイニシアチブを増やすようになったが、組織の人々はCEOがいうほど権限が委譲されているとは感じない。

その後、セレンディピティ（訳注：ある人が持っている、偶然素晴らしい幸運に出会ったり、素晴らしいものを発見できる才能）が介在した。2014年には、ファイザー社がアストラゼネカ社との組合せを試みた。その試みは成功しなかったが、それはCEOのリードにとってはベストであった。メイヤーは、何が次に起こったか私に伝えた。

「CEOは実際にファイザー社全体に対して、アストラゼネカ社とデア・トゥ・トライプログラムに取り組んだことを告知した。これはとても大きかった。なぜなら、CEOに至るまでの全ての人々が考えていることであり、成功しなかったとしてもそれは問題ではなく、挑戦したことが重要だからなのである。そして、CEOであるリードは、我々が組織として直面する挑戦のうちのいくつか

第5章　視野の違いによって生じる緊張感

にアプローチする方法の新しい思考を持ち込もうとした。」

　ほとんどのCEOは、同じように失敗し、そこから学習するというこのような難しい状況を組織のほかの部署に普及させることはできないし、望みもしない。デア・トゥ・トライプログラムは、ファイザー社を元気づけ、組織全体でイノベーションについて話すようになった。

　重要な場面に直面することで、デザイン思考へと考え方を変えることは、命令と草の根活動の両方から発生した。重要に見えたのは、上級のリーダーシップがデザイン思考を**決定した**だけでなく、それを**採用した**ということだった。役割はそれをモデル化し、またそれを採用することを他人に依頼した。

　これは、組織全体に従事するという刺激的な話だった。しかし、全体を通じて、私はオーストラリア国税局およびP&G社が経験した、困難の多いジャーニーに気づいていた。両方のケースで、成功する秘訣は、上位層のリーダーシップが関心を持っているかどうかに大きく依存した。両方のケースで、リーダーシップが変わった時、デザイン思考は問題を抱えていた。デザイン思考と実行の間にある分離に橋を架ける別の方法があったのだろうか。誰が責任者なのかに依存しない方法はあるのか。

　実際は、私は、デザイン思考の異なるモデルを探し続け、ユーザーと組織の**双方**に関わるモデルを探索していた。私がアレックス・ライアンに会った時のことである。

　ライアンのアイデアについて議論するためにはもう1冊本を必要とするくらい量が多いだろう。また、たまたま、彼は1本論文を書いている[8]。私は、我々の会話をここに示すため最善を尽くそう。

　ライアンは「日中は公務員で、夜は起業家である」と自分自身を述べている。MaRSソリューション研究所のリーダーとなるために2017年にトロントへ移動する前に、彼はカナダにあるアルバータコラボ社*、これはカナダのアルバータ州にあるエネルギー省にいた7人によって設立された会社であり、ライアン

＊　この前の章で述べたIDEO社のCoLabと混同してはいけない。

はその会社の創業者かつ共同経営者の1人である。さらに、彼はブティックコンサルタント会社であるシンセティコス社を創立し、経営していた。アルバータコラボ社はデザイン思考を使用するが、そのアプローチは、IDEOおよび他のデザイン企業によって推進された人間を中心としたデザインと同じではない。

ライアンの曲がりくねったジャーニーをデザイン思考に落とし込む取り組みは、オーストラリアの防御科学技術機構（DSTO）での防衛研究の中で始まった。ライアンが複合システムと応用数学において、アデレード大学で博士号を取得する一方で、適応的遠征という概念を開発した。それは、適応システム理論から、複雑な戦争に対し、洞察を適応するものである。

米陸軍の高度な軍事の研究（SAMS）のエリート学校に訪問要請されて、ライアンは体系的なオペレーション・デザイン演習に参加した。それは彼にとって充分な効果があった。「私は魅了された。」彼はその後このように書いた[9]。「過去十年間以上、私は数多くの陸軍の計画演習を観察し、参加してきており、また何百ものそれを読んできた。これは、それらのどれにも似ていなかった。」学生は、インストラクターの支援を受けながら、意味と代替的な論理的フレームを議論し、問題を視覚化し、批判的に考えて、討議し、最も深刻な不一致点について関わってきた。

プロセスの中心にいたのが伝説の人物であるシモン・ナヴィであった。イスラエル軍の准将（予備役）であるナヴィは軍事インテリジェンスにおける伝説的人物である。システミック作戦デザインというナヴィの理論は軍事の問題にシステム理論を適用する。システム理論は、これらの要素とシステムのオペレーションの関係を全体として見て、コミュニティまたは実戦部隊のようなシステムの要素を分析する。ナヴィの業績は、ポストモダンの哲学、文学の理論、アーキテクチャおよび心理学のような種々の分野を利用した。「私の主義は理解するのが簡単ではない。私が書いたものは、普通の人間を対象としない」と2007年にインタビューの中で語った[10]。

これに魅惑されたライアンはオーストラリアへ戻り、ナヴィのワークショップやアイデアに関連づけられていたものが見つかる可能性のあるものすべてを

第5章　視野の違いによって生じる緊張感

読んだ。軍事作戦、哲学、複雑性理論、システム思考およびデザイン思考など
多様な書籍にあたった。彼は、2008年のSAMSのメンバーに加わった。アメ
リカ人以外が参加したのは、これが最初であった。

　ライアンがSAMSで過ごした3年で、そのチームは、デザインを学んだ
600人の大佐および少佐を卒業させた。SAMSメンバーとして、およびその後、
ブースアレン社のコンサルタントとして、ライアンはデザインをさらに探究し
た。

　ライアンの行為はすべてデザイン思考上の新鮮な視点に結びついた。我々の
インタビューでは、ライアンはシステム思考およびデザイン思考を統合する方
法として、「体系のデザイン」について話した。2つの分野をまとめようとす
るアイデアは、ソフトシステムズ方法論およびクリティカル・システム思考の
ような理論に根ざしていた[11]。組織の中で実行されるデザイン思考とは確かに
異なるアプローチだった。

　ライアンは、デザイン思考が複雑で体系の問題*に適用されるべき不可欠な
方法と見なしていた。ライアンは「デザイン思考は、より体系的な問題という
抽象的な領域に移行すべきだが、製品化の前提の多くはデザイン思考アプロー
チがもたらす基本技術にとどまっている」と私に語った。

　ライアンはユーザー中心のデザインについて語っており、複数のケースで、
単一の「ユーザー」のアイデアが不適当であるという主張をしていた。彼の業
務が公共部門にあるので、これがライアンの基準であった。「多くの場合、人々
はユーザーを中心とするデザインについて話す」と彼は言った。「しかし、政
府の政策を使用するというユーザーがいるというよりも、関係する多様なス
テークホルダーがおり、その中に直接関わるステークホルダーがいる」のであ
る。重要だったものは、エンドユーザーだけでなくステークホルダーの全ネッ
トワークおよびそれらのリレーションシップだった。言いかえれば**システム**で
ある。

＊　基本的に我々が第2章で議論したようにやっかいな問題である。

143

PART 2　3つの緊張感

　ライアンは続けた。「デザイナーたちは、行為や業務をデザイナーたちがクールだと感じるものへと飛躍してしまう傾向がある。この飛躍は実際のところエンドユーザーに望ましいものであるが、デザイナーがそうしてしまうことは戦略的なポイントをついておらず、レバレッジポイントにもならないだろう。したがって、システムを客観的に見て、全体を把握することによってデザインが力を発揮するレバレッジポイントをうまく見出すことが可能になる。」

　ライアンは、デザイン思考の価値を否定していなかったが、デザイン思考にシステム思考が含まれない場合は不完全であると主張した。公共部門のイノベーターとしてライアンは、広義のステークホルダー（市民、利益団体およびコミュニティ）について話していた。しかし、私は、ライアンの議論が任意の大きな組織内のステークホルダーにさらに当てはまることが分かった。

　2014年の論文の中で[12]、ライアンと共著者のロットマン・マネジメント・スクールのマーク・レオン（第3章で紹介している）は、トロント大学とアルバータ州政府の2つのプロジェクトを比較した。トロント大学はデザイン思考を適用し、アルバータ州政府は、米国の軍隊の方法論に基づいたシステムズアプローチを使用した。ライアンとレオンは、2つの学問が互いに学ぶべき多くのものを持っていると分かった。「我々は、2つの方法論の類似性が体系のデザインの中心となるアプローチを構築する共通基盤を提供し、その一方で、その相違点が両方の方法論を学ぶ良い機会を提供している、と信じている」のである[13]。その違いはどのように見えたか。ロットマン・デザインワークスによって試みられたトロント大学のプロジェクトは、大学の調達プロセスに対して教員やスタッフがこれまでのやり方へのこだわりを改善しようと努力した。はじめにデザイン・チームは教員とスタッフをシステムの「ユーザー」であると確認し、それらのニーズを満たすことにより価値を提供しようと努力した。そのチームは、20人の教員およびスタッフを含み、また図5.3に示されるそれらの視点を強調するユーザーの代表例を描写するペルソナを開発した。

　このような設計法を通じてロットマン・デザイン・チームは、彼らがユーザーから聞いた物語に注目し、政策の強制執行者ではなく、信頼できる助言者

144

第5章　視野の違いによって生じる緊張感

として手順を変えることでその問題をリフレーミングした。一連の共創ワークショップはこれに続き、その中でデザイン・チームおよびユーザーは解決法の経験地図およびプロトタイプを開発した。これらのプロトタイプはユーザーのより広いグループ内で議論され、ソリューションに到達する反復過程の中で修正された。それは古典的で、ユーザー集中的で、デザイン思考アプローチであった。

　チームが最終的に推奨したのは、人間性、ナレッジと単純性および便宜性を包含する包括的な「活動システム」（図5.4）だった。

　アルバータ・クリーンエネルギーと天然資源グループ（CENRG）の政府のためのプロジェクトは、これに反して、システム視点をとった。このプロジェクトは、天然資源を管理するアプローチの有効性と効率の改善に関係していた。ここでは、公務員のグループが、異なるステークホルダーの間にあるリレーションシップを理解し、ステークホルダーマップや類似性図解を用いて理解することに関わるプロセスによってリードされた。このプロジェクトに対して開発されたシステムマップは、図5.5 に示される。

　その最終的な結果は、図5.6 に示されているように、変化を支持したり反対したり、資源を提供したりするシステムとともに、変容した価値とその意味のビジョンであった。

　提案されたソリューションは、個人主義の考え方から変化し、より協力的なものへと自主的に変更することとなった。グループはまた、計画を行動に移し、変化を支持したり反対したりすることにつながる可能性のある資源をマッピングし、変化を支えるアクターのシステムと、それに反対する可能性のあるシステムの運用方法を開発した。

　2つのプロジェクトは、デザイン思考とシステム思考が異なっているが、補足的であるということを示した。ロットマンのデザイン思考アプローチは問題解決よりもユーザーニーズを考えて、ユーザーへの共感、物理的なプロトタイピング、迅速なテスト、ユーザー・フィードバックに注目した。対照的にアルバータコラボ社のアプローチは、プラクティスに教育を統合する一方でシステ

145

図 5.3 ロットマン・デザインワークスのプロジェクトで使われたペルソナ

ワン博士
学術的異端者

「一つの実験
と世界が変わる」

クリスティーン
トレンチの中で

「私たちも人です。
データベースだけで
はありません」

ユーザーニーズ

感情的
私の個性を表現するための
自由と柔軟性

社会的
協力的リレーション
シップの構築

実践的
お金の価値を示す

リスクから私を守る
ためのセーフティネット
を提供

コミュニケーション
情報をシンプルでアクセスしやすいものにする

第 5 章　視野の違いによって生じる緊張感

図 5.4　ロットマン・デザインワークス・チームによって提示された「活動システム」

図 5.5　アルバータプロジェクトのシステムマップ

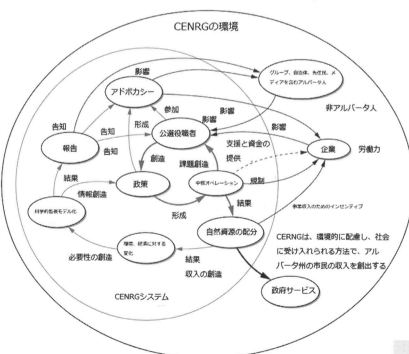

PART 2　3つの緊張感

図5.6　アルバータ・クリーンエネルギーと天然資源グループと開発したビジョン

デザイン思考を導入したことで得られる価値	CENRG での行動戦略	イノベーションの創出パターン	結果
リスク許容度	質問を導くこと	緊急なものよりも重要	より強い集団ビジョン
複雑さの受け入れ	スローダウンからスピードアップ	リスクを許容するリーダーシップ	意味のある変化
アルバータ州政府のアイデンティティ	意図的な行動、戦略的影響	理解を深める	実践コミュニティ
透明度	継続的学習	継続的適用	開発経路
セキュリティと安定性	集団への闘争	信頼の成長	
例外によるコントロール情報	共通の説明責任・共有報酬		
後継者育成	報酬としてのコラボレーション		

ムマッピング、メンタルモデルの探究、理論の基盤構築、学習の物語を強調する。

　ここで私は好奇心をそそられた。オーストラリア国税局でのブキャナンの言明に対して私が不満を感じていたことについて解決策があった。デザイン思考とシステム思考の統合によって、組織を同時にユーザー中心であり、システム中心にさせることができるかもしれない。大きな組織内の実施システムはそのようなシステムの1つであった。また、その制約、レバレッジ・ポイントと潜在的な相乗作用を理解することは、デザインのエンドユーザーを理解するのと同じように必要であった。外部のステークホルダーとそれらの相互関係が相談され、マッピングされるように、イノベーションの内部ユーザーは設計作業のために計画して組み込むことができる。

　システム思考はデザインに幅広い視点をもたらすが、デザインはシステム思

考にストーリーテリングをもたらすことができる。デザイナーたちは多くの場合、ユーザーに関する鮮明な「ユーザーペルソナ」を開発する。彼らが社内のステークホルダーを十分に考慮していれば、同じ物語に身を置くことが出来るだろう*。フラットランド（訳注：アボットによる小説であり、ここでは視野の狭い人のことをいう。注5参照）ほどではないが、結果に影響を与え、影響を受けた人々には注意深い配慮が必要である。

　私はここでオフリ博士のジレンマが頭に浮かんだ。確かに、オフリ博士は自分の世界を理解することなくオフリ博士の患者を助けることができなかった。しかし、同様に、オフリ博士は患者を援助したり妨害したりするシステムを考慮に入れずに患者を助けることができなかった。それは、専門家とセラピスト、教育プログラム、設備と薬の提供者およびその他多くのものとの間にある関係性である。患者の感情移入だけが十分ではなかった。しかし、システムを広いものとして認識するようになると、視野の違いによって生じる緊張感の苦痛は軽減されるかもしれない。

【注】

1　Danielle Ofri, "Doctor Priorities vs. Patient Priorities," New York Times, 27 March 2014. http://well.blogs.nytimes.com/2014/03/27/doctorpriorities-vs-patient-priorities/?_php=true&_type=blogs&_r=0. Retrieved 1 May 2018.

2　Claire Hooker, "Understanding Empathy: Why Phenomenology and Hermeneutics Can Help Medical Education and Practice," *Medicine, Health Care and Philosophy* 18, no. 4 (November 2015): 541–52. http://link.springer.com/article/10.1007/s11019-015-9631-z. Retrieved 8 March 2017.

3　Atul Gawande, "Notes of a Surgeon: On Washing Hands," *New England Journal of Medicine* 350, no. 13 (25 March 2004): 1285.

4　Frido Smulders and David Dunne, "Disciplina: A Missing Link for Cross Disciplinary Integration." Paper presented at the 11th Design Thinking Research Symposium, Copenhagen, Denmark, 13–15 November 2016.

5　人々が三次元で見ることができなかった19世紀の寓意的な本を参照する。

---

*　フィラド・サミュルダスと私は、論文の中でこれらを「ディスプリナス」と呼ぶ。

Edwin A. Abbott, *Flatland: A Romance in Many Dimensions* (New York: Dover Thrift Edition, 1884 [1992 unabridged]).（冨永星訳『フラットランド：多次元の冒険』日経 BP 社、2009 年).

6   https://creativedifference.ideo.com/#/.

7   Tim Brown and Roger Martin, "Design for Action: How to Use Design Thinking to Make Great Things Really Happen," *Harvard Business Review* (September 2015): 4–10. Reprint R1509C.

8   前に進むために、以下を参照する時期である。Alex Ryan, "A Framework for Systemic Design," FORMakademisk 7, no. 4, art. 4 (2014). https://journals.hioa.no/index.php/formakademisk/article/view/787/1109.Retrieved 9 March 2017

9   Alex Ryan, "A Personal Reflection on Introducing Design to the U.S. Army," Medium.com, The Overlap, 4 November 2016. https://medium.com/the-overlap/a-personal-reflection-on-introducing-design-to-the-us-army-3f8bd76adcb2#.kw34zgtdt. Retrieved 23 November 2016.

10 Yotam Feldman, "Dr. Naveh, Or, How I Learned to Stop Worrying and Walk Through Walls," *Haaretz*, 25 October 2007.

11 以下、参照のこと。Peter Checkland, *Systems Thinking, Systems Practice* (Hoboken, N. J.: John Wiley & Sons, 1999); Harold G. Nelson and Erik Stolterman, *The Design Way: Intentional Change in an Unpredictable World* (Cambridge MA:MIT Press, 2014).

12 Alex Ryan and Mark Leung, "Systemic Design: Two Canadian Case Studies," *FORMakademisk* 7, no. 3 (2014): 1–14. www.FORMakademisk.org.

13 前掲書、p.12

PART 3

組織のための
デザイン思考の
リフレーミング

第6章　デザイン思考のリフレーミング

第6章

デザイン思考のリフレーミング

豪華客船と小型ボート

レイルタウンは、不況の下町である点を除けば、カナダのバンクーバー東に位置する、最先端の地域である。家賃の安い共同住宅、セーフ・インジェクション・サイト（safe injection site、訳注：麻薬常用者が医療的なサポートのもと薬を注射することにより、エイズの発生、感染、薬の過剰摂取を減らす場所を指す）とホームレスにとって安全な簡易宿泊所に密接して位置する、ファッショナブルにリノベーションされた倉庫が、芸術家、ソフトウェア起業家、ワインバー…そしてデザイナーといった一風変わった人たちを引き付けてきた。

これらのデザインスタジオ一つ一つは小規模で、かなり小さいものもあった。比較的規模の大きいスタジオの一つであるドシェクリエイティブ社は、パッケージング、ブランディングおよびイノベーションを専門にしている。ドシェのスタジオはかつて缶詰工場だった場所であり、約5,000平方フィートの広さのオープンスペースの施設である。そこは、コンテナターミナルに面しており、その向こうに海沿いの山々が広がる場所である。

従業員は全部で15人。会議室とブレインストーミング用の部屋が一つずつある以外は、スタジオには間仕切りがなく、開放的な空間である。共同出資者の一人であるロナ・チソルムは執務室だけを使用している。彼女の夫で共同出資者でもあるドン・チソルムは他の人が使っていないオープンデスクで働いている。テーブルは手術用のメス、船の模型、描きかけのスケッチ、パッケージのサンプルで散らかっている。

これが会社の全てである。世界の大企業や政府とかけ離れているわけではない。ロナ・チソルムはドシェ社の雰囲気を以下のようにとらえていた。

PART 3　組織のためのデザイン思考のリフレーミング

図 6.1　カナダのバンクーバーにあるドシェのスタジオ（ドシェ提供）

　組織が小さいので、俊敏で、素早い変化や意思決定ができる。ビジネスの創出やインターンシッププログラム（Railyard*）を設計する際には、テストを繰り返し、進めていけばよいとわかっている。デザインのベンチャー企業とパートナーシップを結びたいときや、自らベンチャーを立ち上げたければ、やってみればよい。30年以上にわたり発展するためには、私たちはスリムな組織で起業家精神を持つ必要があったのである。

　デザイン思考はこのような場所で育ってきた。大規模な組織と比較して、ドシェのような小さなスタジオは、豪華客船とは対照的な小さな漁船で海を渡るようなものだ。一生のうちに荒波にもまれたり、動きが速く予測不可能なことも起こったりするため、素早く行動するのが生き残る唯一の方法である。
　大きな組織は、楽しく刺激のある職場ではあるが、機敏ではない。これらに対するフラストレーション——それに加えて小規模なライバルからの挑戦を受け

---

*　ソーシャルイノベーションのためのドシェのインターンシッププログラム http://railyardlab.com/

第6章　デザイン思考のリフレーミング

て一から、多くの経営者が"イントラプレナーシップ"のような、より柔軟な新しい働き方を模索したり、"構え、撃て、狙え（訳注：まずやってみてから考えるの意）"といった意味のない格言を取り入れたりしてきた。さらには、デザイン思考の導入である。

　そのフラストレーションは理解できるが、本当に私はデザイン思考を大規模組織に提供すべきと思っている。しかし、デザイン思考を実行するという難題を過少評価すべできではない。

　デザイン思考とは何かについて誰も合意できていないというのは困ったものである。デザイン思考は実践を通して築かれてきた分野であり、理論が追いつくのは大変である。例えば、油田掘削装置の設計者が、ファッションデザイナーと同じ方法で考えようと言ったらどうだろうか？　すべてのデザイナーに、人間中心の世界観に賛同しようと言ったらどうだろうか？（そうはならないだろう。）デザイン思考を定義する一貫した特徴とは何だろうか？デザインそれ自体と同じ様に、デザイン思考も定義するのは難しい。

　第2章で見たように、多くの誤解が存在する。デザイン思考は最近の流行として見られることがよくあるが、用語としては、何十年間も使われてきた[1]。デザイン思考は、創造的思考に他ならないと見られているが、デザイン思考は、およそ突拍子もない考えというよりはリフレクティブ（省察的）な活動なのである[2]。手早く利用できる単なる既存の道具セットなどではなく、世界観や世界の在り方に関する独自の方法である[3]。デザイン思考は、その場しのぎの解決法でもない。組織にデザイン思考をうまく定着させるには、何年もかかる。これらの誤解のために、組織のデザイン思考家は、理にかなった期待を設定し、粘り強く実行するのが難しくなるのである。この章で、私はデザイン思考に対して正確な定義をしようとは思わない。そのような定義をしても、実践に適用される多くのやり方を網羅することはできないだろう。

　豪華客船を小さな漁船に変えるのは可能だろうか？　それは難しいだろうし、望まれもしないだろう。しかしながら、幸運にもデザイン思考に挑戦した結果の予測は可能である。私はデザイン思考に対する3つの思考法—そのリフ

155

PART 3　組織のためのデザイン思考のリフレーミング

図6.2　デザイン思考のリフレーミング：要約

リフレーミング1：マインドセットとしてのデザイン思考	心を支配するマインドセットからの脱却	1. デザイン思考のためにアイデアが自由に行き来する安全な場所を別個に創る。 2. 人々がデザイン思考を実践するだけではなく、それについて一緒にリフレクト（省察）するよう場を設けて、リフレクティブな活動を啓発する。 3. 創造的な方法で組織を巻き込むために外部プログラムを利用する。
	マインドセットの生成	1. リーダーはデザイン思考の強力な代弁者となるためにしっかりとした理解を必要とする。 2. ブラックボックスを開ける。組織の他部署のためにそのプロセスにおける"謎めいた"要素は取り除く。
	マインドセットのプロトタイプ	1. マインドセットを築き、維持する。プロセスだけでなく"デザインに対する態度"を明瞭に表現する。 2. 命令するのではなくムーブメントを作り出す。まではトップダウンだけでやってきた。いわゆる草の根のサポートを開発する。
リフレーミング2：プラットフォームとしてのデザイン思考	技術的プラットフォーム	1. デザインは解決策ではなく、選択肢である。人々が自分のニーズに合わせた改良をするためのプラットフォームを構築する。 2. 組織全員参加でデザイン思考を引き起こせる"アクティベーター"を生み育てる。
	協働的プラットフォーム	1. 多くの人が参加する協働。クロスファンクショナルチームとして活動する。 2. 実践コミュニティ。分散型モデルでは、デザイン思考に関心を持つ人々を定期的に集める。
リフレーミング3：より大規模システム内でのデザイン思考	内部のステークホルダー	1. 内部のステークホルダーをユーザーとして扱う。彼らをエンドユーザーとみなして、組織内の部門ニーズやコンテキストを理解する。 2. 積極的に彼らを巻き込む。その結果を実行しなければならない人々にプロセスデザインを任せる。 3. ともに失敗し、リフレクト（省察）し、学ぶ。最初や最後だけでなくプロセス全体を通じて彼らを巻き込む。
	外部のステークホルダー	1. 統合と協働。デザインプロセスに外部の人々—協働者や競合さえも—を招き入れる。 2. システム内のレバレッジポイントに焦点を当てる。エンドユーザーだけでなく、より広い範囲の内部、外部のエコシステムを考慮に入れる。 3. 抽象的なステークホルダーを含める。人間だけでなく、地球環境、コミュニティ、社会を含める。

156

第6章　デザイン思考のリフレーミング

レーミング―を提案する。この本で触れてきたいくつかの組織のように、3つの緊張感に対処するためである。その過程において、これらの海に漕ぎ出した人々の経験を活かすための案を提示しよう。私の提案をまとめたのが、図6.2である。

リフレーミング 1. デザイン思考のマインドセット：脱却・生成・プロトタイプ

　第3章で、デザイン思考家と組織の距離から生じる緊張感がマインドセットの問題として、どのようにリフレーミングされ得るかを見てきた。

　デザイナーとは、要は可能性と実践性を両立させる存在である。美術のような純粋な創造活動とは異なり、デザインの本質は役立つものを作ることにある*。そのためには、オープンマインド、楽観主義、一時的に現実から離れて考える意思が必要である。

　これを組織に当てはめるとどうなるだろうか？　デザイン思考によって、多くの組織において思考を抑圧するような組織的、政治的、文化的な制約から逃れることが可能になる。それは文化的なムーブメントとして形を成す可能性もある。さらに、プロトタイプが形作られ、規模が大きくなる可能性もある。

【心を支配するマインドセットからの脱却】

　逃し弁としてデザインを使う方法がいくつかある。

　1. 適切な場所に、別個に区切られた場所を創る。私がインタビューしたラボのほとんどは、組織の他の人とは物理的に区画された専用スペースを持っており、リラックスしたオープンな雰囲気であった。P&G社では、緑のカーペットが敷き詰められた、"スペース内スペース"があり、そこでは周りの目を気にせずオープンな会話が可能であった。

---

*　物質に限った話ではなく、サービスやプロセスもデザインされる

157

PART 3　組織のためのデザイン思考のリフレーミング

　その空間が日常業務から現実逃避するためにあるなら、そんなに離れた場所に設置すべきではない。カナディアンタイヤ社のラボは本社から車で2時間の場所にあり、参加者を集めるのが難しかった。マインドラボやP&G社のスペースはオフィスの外にあったものの、簡単に行ける範囲内にあった。

安全なスペース

　あなたのプログラムが集中か分散かに関わらず、私が見てきた組織と同じ様に、専用スペースを設置すべきである。物理的な空間は、組織に対してデザイン思考にコミットしているというシグナルになり、ワークショップの参加者が心のままに話せる場所を提供し、横やりが入るのを最低限に抑えて問題にフォーカスできる機会を提供するのである。

　私が訪問したスペースには、伝統的なオフィス空間とは異なる様相のデザインがなされているところもあった。マインドラボの潜水艦風スペース"ザ・マインド"やP&G社のクレイストリートのビール醸造所などが良い例である。これは偶然ではなかった。そこに足を踏み入れれば、参加者はすぐにいつもの状況とは異なっているとわかるのである。

　何より、デザイン思考のスペースは、メインのオフィスと物理的に隔離されていて、参加者に安心感を与えるようにすべきである。しかし、あまり遠くなると組織から切り離されてしまう。

　スペースはアイデアが飛び交うように設計されるべきであり、それは全員が平等であることを意味する。役員室や長方形のテーブルは避けるべきである。同じことの繰り返しや、時には予測不可能なプロセスを許容する柔軟さを持つべきであり、備品は持ち運び可能にすべきである。参加者には、彼らのアイデアを形にする自由があると感じさせるべきであり、すぐ手の届くところに試作品の材料があると知らせるべきである。最終的に、一つの問題に対してチームが密接に協力して解決にあたることができるように、"スペース内のスペース"に着目すべきである。

158

第6章　デザイン思考のリフレーミング

2．リフレクティブな活動を啓発する。オーストラリア国税局（ATO）は、組織を超えたデザイン思考家が、自らの取り組みや経験を定期的に共有するために集えるフォーラムを、実践コミュニティとして創った。デザイン思考が広まっている他の組織では、経験を共有できる機会は重要であるが、形式ばってはいなかった。ドシェも含めた多くのデザインスタジオでは、各々の取り組みを議論して、新たな学びをもたらすための時間を持っていた。

　もしデザインがリフレクティブな活動であるなら、それがどのように機能するかを定期的に振り返るのは意味がある。忙しいときは、リフレクションの時間を作り出すのが難しい。オーストリア国税局では、これらのセッションは早朝に開催されていた。

3．外部プログラムを利用する。高度に集中化された組織であっても、多くのデザイン思考の取り組みは、組織の他部署や外部のコミュニティと接触を図る意識的な努力を促している。メイヨー・クリニックで毎年開催されるトランスフォーム会議は、ヘルスケアのイノベーターたちを結びつける大きなイベントである。マインドラボのスタッフは調査結果を公表したり、海外の会議に出向いて発表している。

　私企業はイノベーションやデザイン思考に関する自分の組織の知識（知的財産）を極端に守ろうとすると私は考えていたが、多くの組織が極めてオープンであったのに驚いた。それらの多くの組織が十分に開発された内部プログラムを持っている一方で、外部へ行く機会もあり、デザイン思考の会議や他の外部プログラムのスポンサーになっていた。これにより、新たな知識を発見し、ベストプラクティスを交換して、興味深いネットワークを発展させることが可能になる。

159

PART 3　組織のためのデザイン思考のリフレーミング

あなたの組織ではデザイン思考を集中すべきか分散すべきか？

　集中的なラボにするか、デザイン思考を組織全体に分散するかどうか
は、目的による。もし、主にデザイン思考のマインドセットを作り出し
たいのなら、分散モデルが有利である。破壊的イノベーションが主たる関心
事なら、外部と連携した集中的なラボのほうが良いだろう。しかしながら、
私が見てきた組織では─分散プログラムのP&G社の人々でさえ─、その
ほとんどが本拠地となる中央ラボにあたるものを持っていた。
集中化には以下のメリットがある。

・プロセスの一体性を完全に制御し、保護することが可能である。
・デザイン思考プロセスの専門家を内部で養成できる。
・デザイン思考と方法に関する調査と継続的な学習に対して支援ができる。
・日々の業務から離れる環境を提供できる。
・部門にいたままでは実現できない、探索的、職能横断的、もしくは“プ
　ラットフォーム”の業務が可能になる。

　一方で、分散プログラムには以下のメリットがある。

・デザインに関する業務がより日常活動に近くなり、現実により根ざし、
　結果としてより実施しやすくなるはずである。
・事業部がプロジェクトを自ら管理する結果、それらによりコミットする。
・より良い結果を出すための組織を超えた議論ができる共通の言語を作り
　出すことができる。
・組織全体でデザインマインドセットを育てることができる。

　P&G社のシンディ・トリップは、分散アプローチを強く支持している。
“集中化では、素早い勝利は決して得られないだろう。なぜならビジネス

160

は早く目的を達成することを求めているからである。" と彼女は語った。

良い結果が得られるかは、運用部門の自律性と責任感に依存している。P&G 社では、事業部は担当領域で破壊的イノベーションを起こすよう期待されているため、その目的にかなう分散アプローチが採用される。多くの公共部門のように、事業部門がイノベーションに責任を持っていない状況では、破壊的イノベーションをもたらすために集中アプローチをとる必要があるかもしれない。これについては終章でより詳しく述べるつもりである。

【マインドセットの生成】

多くの組織がデザイン思考を、顧客中心主義や創造性のある組織文化にシフトするための手段とみなしている。文化を変えるのは容易ではない。"デザイン思考のマインドセット" が価値ある目標であると同時に、デザイン思考になじみのない人々にも実行ができるようにする必要がある。実際にマインドセットとはどのようなもので、自らにとってどのような意味があるのかを人々が理解する必要がある。あなたの組織がこのような方法で難題をフレーミングする際に、基本として考慮すべきことがいくつかある。

1. リーダーにはデザイン思考に対する強い理解が必要とされる。デザイン思考が定着するには、リーダーのサポートが非常に重要であり、表面的な理解では、組織内の反対勢力を弱めることはできない。ビジネスコミュニティにおいてデザイン思考は、"流行" として批判されてきた。デザイン思考家がもたらすイノベーションの深さや厳密性のレベルが正しく評価されず、おそらく誇大広告として受け取られた故の反応であろう。

理解をより強固にするために、A. G. ラフリーは、P&G 社のエグゼクティブチームを IDEO のワークショップに参加させるためにサンフランシスコへ招いた。これらに時間を割いたことが、企業がデザイン思考を進めるにあたり重要な基盤となった。メイヨー・クリニック・イノベーションセンター (CFI) は、

PART 3　組織のためのデザイン思考のリフレーミング

注目されているデザイン思考家やコンサルタントをアドバイザーとして集めた。

　2. ブラックボックスを開ける。デザイン思考を知らない多くの人達にとっては、デザイン思考は謎めいていると感じられるだろう。おそらく、それが魅力の一部でもあり、通常のやり方と異なっているのである。(カナディアンタイヤ社で見られた) デザイン思考家に対する "クレイジーカウボーイ (訳注：カナディアンタイヤ社では、間抜けで非現実的なアイデアを思いつくデザイン思考家に対する軽蔑的な意味で用いられた)" というイメージは、ままある話で、組織からの孤立するリスクを過小評価すべきでない。

　ほとんどのデザイン施策では、プロセス図が公表されているが、そこではカギとなるステップが要約され、その反復プロセスが強調される[4]。しかしながら、私が見てきた組織におけるプロセスは、体系的である一方で、標準化とは程遠かった。これまで、マインドラボではそのアプローチを公表してきた。しかし、私がクリスチャン・バソンと話すまでは、デザインを直線的なプロセスとして過度に単純化しすぎるとの理由で、公表はしていなかった。

　特定のプロセスを公表するかどうかに関係なく、デザイン思考を組織にとってわかりやすくする必要がある。根底にある論理を明らかにして、創造性、情熱およびリフレクションを統合する方法を示すべきである。ある省庁のために開発されたマインドラボのアドベントカレンダーは "俊敏な" コンセプトを示す一つの方法であり、同じように創意工夫に富んだ手法によって、日々の会話の中にデザイン思考がもたらされている。

【マインドセットのプロトタイピング】

　小規模でトライしてそこから学ぶというプロトタイピングというアイデアは、組織におけるデザイン思考に関連があり、デザインプロセスそれ自体にも関連がある。プロトタイプを創るにあたって、取り入れるべき2つの主要な事柄がある。

　1. マインドセットを築き、維持する。デザイン思考は一連の方法でなく、

世界観である。デザイン思考の"マインドセット"という考え方が、私の調査の中で繰り返し現れる。IDEOによれば、デザイン思考家は単に創造的であるだけでなく、楽天的で、情熱的で、失敗から学ぶ意欲を持ち、多義性や大胆さを心地よく感じる[5]。デザイン思考家は高い厳密性を持っている。メイヨー・クリニックで見たように、彼らは科学者とは違った方法で厳密性を解釈している。

　デザインマインドセットを構築して伝えるためには、あなたの組織においてそれが何であり、何を意味するのかを明確にする必要がある。この分野は比較的新しいが、思考法としてデザインを定義する問題に取り組んできた優れたデザイン研究者が存在する。出発点として、リチャード・ブキャナン、ニゲル・クロス、ケス・ドーストといったデザイン研究者の業績を読み、再考するのを薦める。実務的な視点からであれば、サラ・ベックマン、ジーン・リエトカ、ロジャー・マーティンをお薦めする。

　2．命令するのではなく、ムーブメントを創り出す。私が出会ったすべてのデザイン思考の取り組みは、トップマネジメントのサポートがあった。マインドラボのように、デザイン思考に対する情熱を持ったシニアマネージャーによって実際に開始されたこともある。こういったサポートは、必要であるものの、成功するための十分条件ではない。オーストラリア国税局、P&G社、その他の組織は、リーダーが変更するに応じてデザイン思考に対する関心が高まったり低くなったりするのを経験してきた。

　IDEOのマシュー・チャウは、組織にデザイン思考を広めるモデルとしてソーシャルムーブメントについて語ってくれた。いわゆる草の根の取り組みを構築したクリス・ファーガソンの経験から、ボトムアップ型アプローチという考え方が支持された。シニアマネージャーのタスクはデザイン思考の余地を創る―予算と精神的なサポートという形で―ことである。ただし最初から、組織の他のかかわりのない人々を新規に巻き込む必要がある。

　サクセスストーリーの開発も役に立つ。私がどこに行っても見聞きした話で言えば、成功しているラボは、最初に"低いところにぶら下がる果物（訳注：

PART 3　組織のためのデザイン思考のリフレーミング

簡単に得られる成果の比喩)”を追いかける。早く目的を達成することによって人々は関心をもって話し合うようになり、そこから組織全体を巻き込むために使える事例が開発された。これらのように早く目的達成するという方法は、ほとんどの組織で利用できる。シンプルなリフレーミングによって、プロジェクトを劇的に変容でき、デザイン思考のパワーを示すことができる。TELUS社のチームは、リスクの小さい従業員エンゲージメントプロジェクトから始めた。同僚の従業員のデザイン思考に対する理解や、それについて話すのを手助けするための方法としてプロジェクトを用いた。この成功と他の初期のプロジェクトにより、TELUS社のサービスデザインチームは、軌道に乗ったのである。

リフレーミング 2. 技術的、協働的プラットフォームとしてのデザイン思考

“製品をデザインするのではなく、プラットフォームをデザインする”は、よく知られているデザインの格言である。私たちは第4章で、デザイン思考家が技術的、協働的という2つのタイプのプラットフォームを創ることで、破壊的イノベーションの実行にあたって生じる緊張感に対するリフレーミングをどのように行ってきたか見てきた。

「10タイプのイノベーション」[6]において、ラリー・キーリーと彼の同僚たちは、技術に依拠した企業はイノベーションのためのプラットフォームを他社を使って構築するとの見解を述べている。その最もうまくいっている事例はアップルのAPPストアだろう。この戦略は技術分野で確立されており、別の分野でも生まれつつある。例えば、オンラインクラウドファンディングのキックスターター社はプロジェクト創出のためのプラットフォームを提供している。このアプローチは組織内でも利用可能である。デザイン思考部門は内部のプラットフォーム構築者として行動することもでき、個々の部門でアイデアについて論じるのを可能にする。

デザイン思考家は、漸進的イノベーションを技術的プラットフォーム構築の

第6章　デザイン思考のリフレーミング

機会として捉えることによって、具体的な成果を提供すると同時に、個別の部署が、固有の分野内で先行するのも可能にしているのである。一方では、より基礎的な変化をもたらす責務にも対応している。

しかしながら、異なる視点から知識を提供してくれる多様なステークホルダーは、協働的プラットフォームによって集められる。異なる視点—サプライヤー、ユーザー、競合でさえも—を探索し、収集して、統一のとれたイノベーションへ統合するのも、デザイン思考家の仕事の一部である。

もちろん、2つのプラットフォームは互いに独立しているわけではない。技術的プラットフォームは協働の手段を提供し、協働的プラットフォームにより技術的プラットフォームが導かれる。以下は、これらのプラットフォームを発展させ維持するためのガイドラインである。

【技術的プラットフォーム】

技術的プラットフォームは、小さな着想を手助けする大きな思想である。実質的には、初期段階の仕事に従事していて、自分の部門が最もよく理解している分野で独自のイノベーションを構築するのを可能にしている。技術的プラットフォームを構築する際に、考慮すべき点は以下のとおりである。

1.　デザインは、解決ではなく選択である。完全に問題を解決しないことに、価値がある。内部のクライアントである社員が自ら答えを導き出すようにできれば、彼らがそのアイデアを自分のものにする手助けとなる。さらに、視野の違いによって生じる緊張感を和らげ、実行の機会を増やす効果をもたらす。完全に解決してしまわないのには別の利点もある。問題ごとに深く掘り下げて調べようとするよりも、広範囲のイノベーションの問題に役立つだろう技術の開発にフォーカスすることがデザイン思考プログラムによって可能になる。

技術的プラットフォームは、カナディアンタイヤ社のような技術的な企業や技術製品を扱う小売業者に限定されない。例えば、ユニリーバ社は、特許である"芳香と被包性中和臭気"[7]を、Axe、Impulse、Rexona、Sureといったグロー

165

PART 3　組織のためのデザイン思考のリフレーミング

バルブランドを開発するために用いている。世界中の異なる市場に展開するそれぞれのブランドが、同じ基本的な技術を用いているのである。

　2.“アクティベーター”を育成する。完全な解決まで行わない状況において、さらにあなたはエンドユーザー、技術および競争の全般的状況に対する深く詳細な理解と、プラットフォームの究極のアプリケーションに対するビジョンを持つ必要がある。これは、あなたのデザイン思考部門が、そのプラットフォームを利用する部署と密接に協働するのと、彼らが考えもしないようなアイデアに貢献するという２つの事を行う必要があることを意味する。

　“アクティベーター”という用語は、コミュニテック社で用いられ、組織内で変化の触媒を果たす研究所のディレクターの役割とされている。優れた研究所のディレクターは、組織を超えた複数の問題を解決するのに技術が貢献する機会を特定できる**問題発見者**である必要がある。単に有能なデザイナーやクリエイティブチームのリーダーというだけではない。グローバルなコンテキスト、技術に固有な可能性を理解し、組織の他の部署や関係する人々の関心を引き付けなければならない。

アクティベーターとマルチプライヤー：コネクト・スケール

　アクティベーターは、会社全体にイノベーションの火を点火するデザイン思考家である。彼もしくは彼女は、内部のイノベーションラボのディレクターかもしれない。組織内において私がインタビューした中では、点火者という言葉は、内部部門で働くチームの誰にも当てはまるだろう。

　コミュニテック社のクレイグ・ヘイニーが言うように、アクティベーターは、「技術の専門家であると同時に事業活動の専門家でもある。なぜなら組織内の問題を見つけだそうと試みているから」であり、その行為はプラットフォームを発展させる可能性を持っている。

　組織全体の結びつきを作ることによって、アクティベーターは多くの問題を解決するプラットフォームを探し出すことができるだろう。ヘイニー

166

の言葉で言えば、マルチプライヤーである。「すべての大規模組織は、ある水準ではサイロ（縦割り）化している。もし、アクティベーターを組織内の複数のグループ内部で機能させることができれば、彼らは１つのソリューションが組織内の多くの問題を解決する役割を果たすマルチプライヤーを創りだすことができる。」

　私がインタビューした人々は、自分個人の強みを持っていたが、他部門と協働して働く能力や、幅広く統合した見方についての能力は彼ら全員に共通していた。アクティベーターは組織のイノベーションの目標を確信して、その技術を深く理解し、社会や技術のトレンドを常につかんでおく必要がある。彼らの経験やストーリーを共有するために、組織内のアクティベーター達を日ごろから結び付けておくべきである。新たな視点に触れるために、様々な組織でアクティベーターを結びつけるのも良いアイデアである。

【協働的プラットフォーム】

　多様な視点は、多くのアイデアを提供する。デザイン思考家は協働にやりがいを感じている。私がインタビューしたデザイン思考家達の、前向きで、オープンマインドな性質が、あらゆる面からの貢献を呼び込むのに役立っている。デザイン思考プログラムによって、事業部内の職能、さらには様々な事業部全体をリンクさせることが可能になる。人々を共有スペースに集めて、実践コミュニティを作ることによって協働プラットフォームの役割を果たすことができるのである。

　1.　多面的な協働。デザイン思考ワークショップによって、組織の部門は共通の問題に対処する異なる視点を持つ機会が得られる。私がP&G社で見たのは、柔軟剤カテゴリーのアイデアを考えるのに、販売、研究開発、マーケティングの代表者たちが加わっていたワークショップであった。それぞれが異なるアプローチで実現可能性についてコメントして、貢献していた。

167

PART 3　組織のためのデザイン思考のリフレーミング

　異なる問題に対処している組織内の部門を超えた協働も可能である。この場合、以前にも述べた通り、その議論は技術的プラットフォームと、イノベーションそれ自体の実践—エスノグラフィー、ブレインストーミングのベストプラクティスといった特定のデザイン手法での経験—も含んでいる。

　組織は、協働型（もしくは参加型）デザインプロセスの最中に、そのデザインプロセスにユーザーを巻き込むことがよくある。これには良い面と悪い面がある。プロトタイプを試作し、素早い反応を得ながら、リアルタイムにチームでイノベーションを進めるのに役立つ。いくつかのイノベーションでは、デザイナーとしてのユーザーが新製品のアンバサダーとしての役割を果たすこともある。反対に、プロセス初期にイノベーションの可能性を思い描くのに苦労する場合もよくある。そのため一般的には、有用なインプットが得られる段階に応じて、関与するユーザーが組織によって選別される。

　2.　実践コミュニティ。デザイン思考が広まるにつれて、デザインファシリテーターはとても忙しくなる。時々、特定の問題解決から距離を置き、イノベーションプロセス自体や直面している課題、現在学んでいることなどについて話し合うのも重要である。デザイン思考家が組織内に広がっている分散型モデルでは、これが特に重要である。オーストラリア国税局は、特定のラボを設立しなかったが、デザイン思考家同士で結束しているという実感と学びの共有ができる、実践コミュニティセッションの定期的な実施が、特に重要であった。しかし、メイヨー・クリニックやマインドラボのような、より"集中化された"デザインラボにおいても、デザイン思考家は事業部で多くの時間を過ごしている。デザインのマインドセット、プロセス、方法について得た学びは、他のファシリテーターにも非常に貴重であり、定期的に共有されている。

リフレーミング 3：より大きなシステム内でのデザイン思考

　第5章では、ユーザー中心デザインを"システム"的な見方と統合することにより、どのように、視野の違いによって生じる緊張感に対処するかを見た。

実際には、デザインの直接の利用者はもちろん、システムの中の利害関係のある人々の興味関心を組み合わせて、問題を広くかつ焦点を絞って理解することを意味する。組織**内部**のステークホルダーとエンドユーザーを含んだ**外部**システムのプレイヤーという2つの重要なグループが存在するのである。

私が話を聞いたデザイン思考家の多くは、デザインの専門家ではなく、デザイン思考で問題にアプローチする情熱を高めてきたデザイン部門以外の他部署の幹部であった。しかし、デザイン思考家—先ほど述べた幹部でさえ—は、真にユーザーを理解しているのは自分ひとりだという信念、"堅固な心"のメンタリティを抱きやすい。

製造、人事、販売といった内部のステークホルダーは、デザインチームの周りで組織のエコシステムを構成している。デザイナーは彼らをエンドユーザーへの**デリバリーシステム**として考える傾向があるが、彼らはそれ以上の存在である。内部のステークホルダーは技術、人材、関係性について深く理解している。彼らは問題に対して影響力も行使する。そして意見を持っている。アイデアを実行するのに不可欠な要素というだけでなく、多様なユーザーグループでもあり、デザインプロセスの中に築く必要のある視点を持つ人々自身でもある。

ユーザー経験を実現する卸売業者、小売業者、サービス事業者といった外部のエコシステムもある。GE社のアドベンチャーシリーズ[8]は、海賊船やジャングル探検に基づいた、広範な医療イメージング製品である（図6.3）。子供にとっては、MRIを通過するのはストレスで怖くもあり、人生において困惑し、ぞっとする時間でもある。その経験から"ゲーム"化することで、GE社のMRIは恐怖を抑えるのに役立った。しかしながら、通常のMRIよりも費用がかかるため、GE社は病院の経営者に、恐怖を抑制できれば鎮静剤投与が減らせて、費用の低減を実現できると理解してもらう必要がある。また、病院のスタッフにも、ロールプレイングや場面を設定することによってファンタジーな体験[9]をしてもらう必要がある。

デリバリーシステムだけが、外部システムではない。補完する製品やサービスによってユーザーの経験を充実させられるが、競争はそういったユーザー経

PART 3　組織のためのデザイン思考のリフレーミング

図 6.3　GE 社のアドベンチャーシリーズ"海賊島"MRI

験を損なう場合がある。ソーシャルムーブメント、技術的、法的課題も考慮する必要がある。これらは重要で常に変化するために、カギとなるステークホルダーが課題をどのように構成しているかを理解する必要がある。

内部および外部のステークホルダーについていくつか考えてみる。

【内部のステークホルダー】

内部のステークホルダーは"ユーザー"グループであり、彼らの興味関心はエンドユーザーとは異なるかもしれないが、ユーザーとして扱うのは有用である。彼らにはデザインプロセスに関わってもらう必要があり、後付けにしてはいけない。あなたのデザイン思考チームと内部の実行チームは、問題の本質とシステムからの示唆について共にリフレクション（省察）するために、デザインメソッドを使用することが可能である。

1. 内部のステークホルダーをユーザーとして扱う。内部のステークホルダーはプロジェクトを始めることも終わらせることもできる。彼らはコミットメントを作り出すストーリーのメッセンジャーでもある。彼らはレバレッジポイントを発見し、影響を行使することができる。彼らはプロジェクトを実現するた

めに必要な予算や資源を得ることができる。しかし彼らはデザインプロセスを省くことがよくある。

ユーザー中心のデザイナーは、ユーザーを想定し、観察し、インタビューし、ペルソナを作り、彼らの経験を通じてたどってきた道をマッピングするなど、ユーザーの経験を重視するために、できることは何でも行う。自動車製造業のデザインプロセスに関するフリード・スムルダースと私の研究では、デザインチームが、経験やブレインストーミングといった解決法に深く入っていきながら、どのようにドライバーたちとともにワークショップを組織化したかを発見した。内部のチームは選択された時点で関与していたが、厳密なコンサルテーションというよりは、デザインチームのアジェンダに対して、より信頼を得るような交流であった。

内部のステークホルダーをユーザーとして扱うために、彼らを重視する同様な方法の適用を考えるだろう。同じ経験をする時を過ごし、彼らのモチベーションや彼らが暮らす世界を理解し、ペルソナを作り、経験をマップにし、分析したうえで弱点を理解する。プロジェクトを実行する際の課題の理解が得られれば、成功の可能性は高められる。

2. 積極的に彼らを巻き込む。内部のユーザーが積極的に関与することは、ブレインストーミングのセッションに彼らを巻き込む以上の意味がある。そのプロセスを彼らに託しているのである。これは様々な場所で具体化されていた。マインドラボの格言である "コンサルタントではなくファシリテーターであれ" はイノベーションを可能にするが、そのプロセスはプロジェクト実行の責任を持つ部門が管理している。CFI では内部のチームと時を同じくして働くべく、数週間にわたってデザインファシリテーターが派遣された。オーストラリア国税局や P&G 社は各部署でデザインファシリテーターとなるべき人物をトレーニングして組織にデザイン思考を広めた。

このアプローチにリスクが無い訳ではない。P&G 社では、ファシリテーターのレベルは一律ではなく、この方法でデザイン思考を広めるのは時間がかかり、一貫したゆるぎないトップのサポートが必要とされる。最も訓練された

171

PART 3　組織のためのデザイン思考のリフレーミング

ファシリテーターでさえも、デザイン思考に敵対的な部門の文化に逆らって進まなければならない。よって、内部のファシリテーターにも継続的なサポートが必要になる。

　3.　失敗し、リフレクション（省察）し、共に学ぶ。あなたはプロセスの一部ではなく**全体**を通して、内部のステークホルダーを巻き込む必要がある。リフレクティブな活動とは、何かにトライし、何が起こるか見極め、その経験から学び、学んだことを実践に落とし込むことである[10]。成功よりも失敗から学ぶことの方が多い。よって、デザイン思考家は早くプロトタイプを創ることを重視する。経験したことに関する異なる見方を探求することによりさらに学ぶことがある。

　内部のステークホルダーは学びのプロセスにも、そこから得られるメリットにも貢献できる。彼らは、次のプロトタイプがどのようなものにすべきかを解明するための、製造プロセス、ロジスティクス、資源のような要素に関する情報がどこにあるかを知っていることが多いだろう。彼らはプロジェクトを機能させるのに必要な資源や人物と接点を持ち、チームにこの人物の視点を持ち込むだろう。しかしながら、組織の外にいる実際の使用者にプロトタイプに触れてもらい、そこで彼らが経験したものを理解するためにデザインメソッドを用いることからも、利益が得られるだろう。

　内部のステークホルダーを深く関与させるのは、分散モデルの一つの利点ではあるが、私たちが見てきたところで言えば、不利な点もある。もしあなたが集中的なラボを選択するなら、カギとなる内部のステークホルダーをプロジェクト全体に関与するよう手配すべきである。

【外部のステークホルダー】

　間違ったトレードオフを避け、異なるステークホルダーの利害を統合するのは重要である。しかしながら、外部のシステムを考慮に入れるのは重い仕事である。大事なのは、様々なコンポーネント内の不可欠な関係やつながりを理解することであって、そのために利用できるツールは存在する。さらに、環境や

172

社会といった声を発しない"抽象的な"ステークホルダーも考慮に入れる必要がある。

1. 統合と協働。統合とは、完全に一致した全体にするために、ばらばらなものを組み合わせることである。これを綜合と呼ぶ人もいるが、創造性と密接に関係している[11]。ロジャー・マーティンが言う統合思考とは、2つの正反対のアイデアの緊張関係を解決する能力である。それはそれぞれの要素を持つが、両方よりも優れた代替案を思いつくことによって実現される[12]。全体は部分の合計より優れている。"どちらか"ではなく**"両方とも"**なのである。

私の調査結果によれば、異なる視点を統合するために用いられる方法のほとんどは、協働を通じてなされる。ファイザー社の肺がんに対する治験のアプローチは、統合アプローチがどのように患者と製薬会社双方のニーズに同時に適合したかを示している。肺がんの研究では、患者が治験に十分に加わるのは難しい。ファイザー社は、他の製薬会社と競争するのではなく、他の主要な競合会社の何社かと同じように、国立衛生研究所とともに、ラング・キャンサー・マスター・プロトコル、もしくはラング・マップと呼ばれる大規模なトライアルを行っている。ラング・マップは異なる治験薬を患者に適合するために遺伝子情報（ゲノムプロファイリング）を用いる。このシステムによって適切な知見が適切な患者に施され、費用と時間が節約され、生存確率が高まる。

ファイザー社、P&G社、コミュニテック社、その他の企業の多くは、イノベーションに対して、オープンで協働的なアプローチをとっている。組織の境界を越えてイノベーションを起こすために、他者を、時には競合他社さえも招き入れる必要がある。

2. システムのレバレッジポイントに集中する。"システム思考"という用語は、工学システムから生まれており、技術的かつ厳密であるがゆえに、ヒューマンシステムへの適用は難しいと考えられてきた。しかしながら、ここ10年この分野内部でも多くのムーブメントが発生しており、デザイン思考家にとって極めて有望な分野である。このうち、ピーター・チェックランドの『ソフト・

PART 3　組織のためのデザイン思考のリフレーミング

システムズ方法論』[13] はシステム思考と経営の問題を関連付けた書籍であった。もしシステム思考がデザインにどのように適用されるかを理解したければ、チェックランドの"新しいシステムアプローチ"は一読の価値がある。

　多くの人間中心型デザイナーがそうであるように、個人ユーザーだけに着目するなら、あなたのソリューションは意図した効果を得られないだろう。製品やサービスを他の製品やサービス、販売チャネル、情報チャネル、決済システム他と関係づける必要がある。病院のアドミッションプロセスをデザインによって改良できるが、スタッフが行う他の事や、病院の情報システム、病院のインフラといった要因を考慮しなければ、おそらく成功は見込めないであろう。成功するデザインにとって不可欠なシステムのポイント—重要なレバレッジポイント—が何で、お互いをどのように関係づけるかを見極める必要がある。

　ギガ・マッピング [14] の技術を使えば、システム内の関係性をマクロでみることができる。ギガ・マップは名前の通り、システム内の重要な勢力を捉え、それらを関連付けるための"すべての"マップである。図6.4は、郊外住居デザインのサンプルである。巨大で複雑なのは、システムによくあることである。以下のウェブサイトに、同様のサンプルや、より詳細なサンプルが収められている（http://systemsorienteddesign.net/index.php/giga-mapping/giga-mapping-samples）。ここを見れば、ほかの事例や図の詳細も見ることが可能である。

　第3章のIDEOのマシュー・チャウへのインタビューに沿ったデザイン思考のように、組織のエコシステムのマップは、いわゆる草の根"ムーブメント"を創り出すレバレッジポイントを見出すのに有用である。組織デザインの分野では、組織のエコシステムは5つの要素から構成されるとみなされる。戦略、構造、プロセス、報酬と人材である [15]。この種のフレームワークは、レバレッジポイントについて考える出発点となるだろう*。

---

*　この問題を掘り下げるために、IDEOのこの有名なモデルの拡張を考えてもよいだろう。外部要因として、目的、行動、商品・サービス、文化があげられる。内部要因として、戦略、組織構造と役割、プロセス、人材、リーダーシップ、インセンティブ、インフラ（スペースやテクノロジー）があげられる。

第 6 章　デザイン思考のリフレーミング

図 6.4　郊外住居のギガ・マップ（Giga-Map）

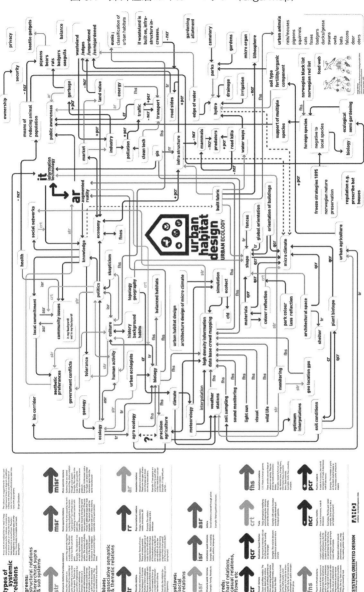

出展：Young Eun Choi, Birger Selvadson, Systems Oriented Design, AHO 2013.

PART 3　組織のためのデザイン思考のリフレーミング

3. 抽象的なステークホルダーを取り入れる。システムには人間が含まれるが、人間だけではない。もっと抽象的なステークホルダーも存在する。近頃では、デザイナーは環境やコミュニティに対しても責任を負う。視野を広げれば、デザイン思考に組織、社会、環境といったコンテキストが入ってきており、効果的なデザインとはこれら全てを考慮に入れることを意味する。

それが簡単であると言うつもりはない。複雑ということを理解してもらうために、私は図6.5で一連の同心円として考慮する必要がある様々なステークホルダーをマッピングした。広範なステークホルダーの全ての利害を説明するのは、気の遠くなるような仕事であり、デザイン思考家は優先順位を明確にする必要がある。しかしながら、少なくともシステム全体に対してデザインが与える示唆について認識しなければ、優先順位をつけることはできない。

これは新たな制約を課すのではなく、新たな機会を創出するだろう。1977年、デザイナーのチャールズとレイ・イームズは「10^n」[16] という有名なビデオを制作した。シカゴ公園でピクニックをするカップルという日常の風景から始まるファンタスティックな旅である。カメラはズームアウトするごとに 10^n メートルずつ離れていく。カップルはどんどん遠ざかり、無限の宇宙の中に地球全体が見えるようになる。10^{24} で、地球からの距離が1億光年になる。カメラは反対に、カップルに向かってズームインして、若い男性の手にスポットを当て、どんどん深く入っていき、10^{-n} になる。10^{-16} で原子レベルに達する。すべては繋がっていて、デザイン思考家自身がシステムの一部であるというメッセージである。限界はない、あるのは可能性である。空は文字通り無限なのである。

何をおいても、可能性という意味において、デザイン思考は私を魅了し続けている。おそらく、豪華客船のような大きな組織においては、小さな漁船が行わないやり方で、私たちの可能性が奪われている。しかし、デザイン思考のリフレーミングによって、嵐の中をより安全に、もしくはびしょ濡れになる危険を減らしながら、航海することができるようになる。

図 6.5　デザイン思考家の様々なシステムレベル

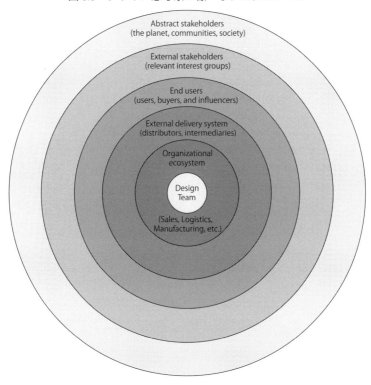

【注】

1. Herbert. A. Simon, *The Sciences of the Artificial* (Cambridge, MA: MIT Press, 1969). (稲葉元吉・吉原英樹訳『システムの科学』パーソナルメディア、1999 年)
2. Donald A. Schön, *The Reflective Practitioner: How Professionals Think in Action* (London: Temple Smith, 1983) (柳沢昌一・三輪建二監訳『省察的実践とは何か―プロフェッショナルの行為と思考』鳳書房、2007 年); Nigel Cross, *Designerly Ways of Knowing* (London: Springer, 2006)
3. Kees Dorst, "The Core of 'Design Thinking' and Its Application," *Design Studies*, 32, no. 6 (November 2011).
4. See, e.g., Mayo Clinic Center for Innovation: http://centerforinnovation.mayo.edu/design-in-health-care/; Procter & Gamble: http://claystreet.net/creative_process/.
5. Design Kit. http://www.designkit.org/mindsets. Viewed 6 January 2017.

PART 3　組織のためのデザイン思考のリフレーミング

6　Larry Keeley, Helen Walters, Ryan Pikkel, and Brian Quinn, *Ten Types of Innovation: The Discipline of Building Breakthroughs* (Hoboken, NJ: John Wiley & Sons, 2013). （平野敦士カール監修『ビジネスモデル・イノベーション　ブレークスルーを起こすフレームワーク10』朝日新聞出版、2014年）

7　Unilever Plc, Unilever N.V., "Deodorant/antiperspirant products with fragrance and encapsulated odour counteractant," Patent #EP 0519531 B1, 1995. https://www.google.com/patents/EP0519531B1?cl=en. Retrieved 5 January 2017.

8　GE Healthcare, "GE Adventure Series: Imaging That Puts Children First." https://www3.gehealthcare.com/~/media/documents/us-global/products/accesories-supplies/brochures/adventure%20series/gehealthcare-brochure_adventure-series.pdf?Patent=%7BAFE522E5-B54D-4BFA-8343-F41B8A2F69D9%7D. Retrieved January 11 2017.

9　Deborah Adams Kaplan, "Making Imaging Centers Child Friendly," Diagnostic Imaging, 7 February 2014. http://www.diagnosticimaging.com/pediatric-imaging/making-imaging-centers-child-friendly. Retrieved 11 January 2017.

10　This is the Kolb Learning Cycle: David Kolb, *Experiential learning* (Englewood Cliffs, NJ: Prentice Hall, 1984).

11　David J. Sill, "Integrative Thinking, Synthesis and Creativity in Interdisciplinary Studies," *Journal of General Education*, 50, no. 4, (2001): 288-311.

12　Roger L. Martin, *The Opposable Mind: How Successful Leaders Win through Integrative Thinking* (Cambridge, MA: Harvard Business School Publishing, 2009). （村井章子訳『インテグレーティブ・シンキング』日本経済新聞出版社、2009年）

13　Peter Checkland, *Systems Thinking, Systems Practice* (Chichester, UK: John Wiley & Sons, 1993). （妹尾堅一郎監訳『ソフト・システムズ方法論』有斐閣、1994年）

14　Birger Sevaldson "GIGA-Mapping: Visualisation for Complexity and Systems Thinking in Design." Paper presented at the Nordic Design Research Conference, Helsinki, 2011. http://www.nordes.org/opj/index.php/n13/article/view/104/88.

15　Amy Kates and Jay Galbraith, *Designing Your Organization: Using the Star Model to Solve 5 Critical Design Challenges* (San Francisco: Jossey-Bass [Wiley], 2007).

16　*Powers of Ten*, 26 August 2010, YouTube video. https://www.youtube.com/watch?v=0fKBhvDjuy0. Retrieved 24 February 2017.

178

第7章
どこからはじめるか：デザイン思考プログラムの構築

　ゲルウィン・ホーヘンドールンは、週に3つもの傘を壊さなければ、新しい傘の着想を得られなかった。また、アラン・ラフリーは、日本に滞在したことでデザインの力を実感することになったものの、P&G社にデザインを取り入れるように、とのラフリーの願いはクラウディア・コッチカから2回に渡って却下された。その後、3回目になって、ようやくその提案が受け入れられたのである[1]。

　メイヨー・クリニック・イノベーションセンター（CFI）のイノベーションが起きた発端には、少なくとも2つのストーリーが存在する。1つは、ニコラス・ラルーソ博士とマイケル・ブレナン博士（両方ともかなりのランニング好き）が、一緒にランニングしている間に着想を得たという話。もう一つは、SPARCプロジェクトが、"マイク・ブレナンの家にあるギネス1ダース"を飲み干したところで立ち現れたという話である[2]。

　ストーリーテリングはデザインの核心である。物語は、断片化された事実に文脈の息吹を吹き込み、顧客と共感しやすくする役割を果たす。物語によって洞察と理解がもたらされ、選択の場面においては、決定的瞬間へと誘なってくれる。

　人生は常に未来に向かっているが、私たちは起きたことしか理解できない[3]。物語は、経験を解釈するのに必要となる後知恵を提供してくれる。デザイン思考家は有能なストーリーテラーなのだ。自分たちが直面してきた課題、それが成功したか失敗に終わったかなど、魅力的な物語を話してくれる。彼らは、自分たちの目的や、彼らの組織内の役割と頻繁に直面する敵対的環境の中でも成果を出す戦略を振り返ることができたのである。

　それでも、彼らはすべて、未来を見据えることから始める必要があった。す

179

PART 3　組織のためのデザイン思考のリフレーミング

なわち、プログラムを成功させるための重い戦略的意思決定と長期的視点を持った運用上の意思決定である。もしあなたが独自のデザイン思考プログラムを検討したいというのであれば、この最終章の質問について考えることが必要となる。

戦略的意思決定

【組織のイノベーション戦略は何か？どこにフィットさせるか？】

　デザイン思考にアプローチするには、組織全体に渡るイノベーション戦略が必要となる。組織が達成しようとしていること、特に組織が破壊的イノベーションに対して本当に準備できているかどうかを素直に見極める必要がある。多くの役員たちは、破壊的イノベーションのアイデアに惹きつけられてはいるものの、彼らには、イノベーションを促進するために必要となる劇的な組織変化をさせる意志はないし、することはできないのだと、この分野の専門家たちはいう。

　破壊的イノベーションは、業界によって馴染む馴染まないという違いがあるかもしれない。しかし、そのパターンは明確ではない。それは何が破壊的かを定義することが難しいことが原因でもある。私が取り組んだ公共部門のプログラムでは、サービス提供や顧客経験のような領域においては、漸進的イノベーションに焦点を当てる傾向がみえた。テクノロジーや自動車の領域では、技術的破壊に直面しているようにみえる。これは保険業や銀行業のような、伝統的な産業にもいえる。P&G社のような日用品の会社でさえ、破壊に関心を払っている。それが生産技術でないならビジネスモデルや戦略的提携である。

　本書で取り上げている多くのプログラムは、組織外部の他のステークホルダーとのつながりによって破壊的イノベーションを追求したものである。これは、高いレベルでの内部開放と共有への意志が要求されることから、危険性を伴う。また、大きな変化に直面するという、別の危険性によって、破壊的イノベーションに追い立てられるよう、P&G社の積極的かつ多面的なイノベーショ

第7章　どこからはじめるか：デザイン思考プログラムの構築

ン戦略は、ファイザー社、カナディアンタイヤ社などと同様に外部との接続に重きを置いている。

【プログラムの目標は何か？】

　驚くかもしれないが、デザイン思考プログラムは単なるイノベーションではない。一つは、オーストラリア国税局（ATO）がいい例であるが、より外部へと組織文化を作り上げていくことである。また、カナディアンタイヤ社のようなところであれば、技術的イノベーションが大きく立ちはだかる。第2章でみたように、イノベーションは確かに重要なのだが、結局ゴールは、一緒に仕事をする組織文化や方法論を包含するような、より大きな課題としてまとめられる。

イノベーションの促進：マインドラボやその他いくつかのケースでは、自分たちのラボを、他の部門がアイデアを発展させたり、問題を解決することを支援する一つの手段と位置付けた。

"破壊的"イノベーション：メイヨー・クリニックは、ヘルスケア経験とその提供を違うものにしたいと考えた。

マインドセットの変更：P&G社は、社内全体をデザイン思考マインドセットへシフトさせたいと考えた。

視点の変更：オーストラリア国税局は、スタッフが納税者の立場にたって考えることを奨励した。

顧客経験：TELUS社とメイヨー・クリニックは、顧客と患者のサービス経験を向上させたいと考えた。

行動変化：オーストラリア国税局は不正行為を抑止したかった。

コラボレーション：マインドラボは、組織風土の壁を超えて各部門が互いに協力するように仕向けたかった。

有能な人材：カナディアンタイヤ社は、Google社やFacebook社の人材を活用したいと考えた。

181

PART 3　組織のためのデザイン思考のリフレーミング

システム統合：アルバータコラボ社は、システムを理解し、イノベーションを
　起こすレバレッジポイントを見つけたいと考えた。

　うまくデザインされたプログラムは、これらの目標のいくつかを一度に達成
することができる。しかしながら、組織文化や考え方を変えるには、数ヶ月な
いし数ヶ年単位ではなく、達成するためには数十年の時間を要するし、忍耐と
一貫性も必要なのである。

【パフォーマンスをどのように測定するか？】

　何を測定するかは、何をしたいかによる。たとえ明確な目標があったとして
も、完璧な測定などない。しかし、パフォーマンスの測定について考えながら、
何を達成しようとしているのかを明確にすることが重要である。

　最終目標が組織文化を変えることにあるなら、従業員調査を使って指標を得
ることが可能である。これによって、ファイザー社は、いくつかの成功を収め
ることができた。しかしながら、従業員調査は、長期的に変化する要因によっ
て引きおこされる事実を、事後的に測定するに過ぎない。いくつかの企業は、
組織文化の変化に影響を与える変数、すなわち相互作用の量や訓練されたファ
シリテーターの数や開催されたワークショップの数などを測定することで、こ
の問題に対応している。それらが本当に組織文化に対して、さらに広い影響を
及ぼしているかどうかを理解する必要はあるが、このアプローチの良いところ
は、少なくとも定量化が可能な目標を設定できるところにある。

　イノベーションの成果についても測定は容易ではない。漸進的イノベーショ
ンについては、短期的には、事前に設定した組織ステージを通過するアイディ
アの数で測定することができる。長期的には、市場の成功で測ることができる。
破壊的イノベーションについては、成果が出るまでの時間が長くかかる可能性
がある。第4章でみたマッキンゼーの3段階イノベーションのようなモデルは、
短期的、中期的および長期的に測定可能な活動を考察する際の指南書になるだ
ろう。

第７章　どこからはじめるか：デザイン思考プログラムの構築

【誰と、どのようにコラボレーションすべきか】

　しばしば、組織は秘密を守りたがるものである。しかし、そのことによって、アイディアを探すために外を眺めることが妨げられてはいけない。少なくとも、私がインタビューした人たちから判断すれば、協働はデザイン思考家の際立った特徴である。私が話をした組織のほとんどすべてが、何らかの形で外部との協働を行っていた。組織が取り組もうとしている一種の協働において、あなた自身が外部と一緒になってプログラムを考えることは重要である。

　異なる視点だけではなく異なる世界観があることによって、協働からアイディアが生み出される。P&G社やファイザー社など一部の組織は、競合他社とも連携しつつ、供給業者や顧客との良好な関係を維持している。他の企業の中には、コミュニテック社のようなコミュニティを通じてテクノロジーベンチャーと協働するところもある。さらには、メイヨー・クリニックやマインドラボのように、より広範なデザイン思考コミュニティと協働するところもある。

　協働のメリットは、P&G社とクロロックス社間の戦略的提携や、ファイザー社とメリック社の臨床試験の共同研究などから明白となっている。カナディアンタイヤ社やその他の企業にとって、コミュニテック社を通した有能人材の獲得は大きな意味を持っている。マインドラボの外部との協働は、イノベーション研究プログラムの一環であって、スタッフのモチベーション向上にも役立っている。メイヨー・クリニックが毎年開催する**トランスフォーム会議**のようなプログラムを通じて形成される外部からの信頼感によって、外から内に向けて組織内部における評判を高めることができる。

　組みたいと思う協働のタイプは、組織が望むイノベーションのタイプによる。最初は無関係に思えるような相手からの破壊的な意見、あるいは脅威であっても進んで受け入れないことには、破壊的イノベーションなど起こりそうもない。漸進的イノベーターは業界の供給業者や顧客と協力することで満足しているが、大きくマインドセットを変えるためには、デザイン思考家の実践コミュニティが役立つだろう。

183

PART 3　組織のためのデザイン思考のリフレーミング

実践的意思決定

　プログラム構築においては、主要な戦略課題について考える一方で、いくつかの特殊な問題、すなわち長期的にしか成果が出ないような、根っからの実践的な問題について検討したいと思うだろう。

【どのようなタイプのプログラムを実装するか？】

　あたかも内部コンサルタントのように問題を解決する役割を担いたいのか、それとも組織内の協働におけるコラボレーターやファシリテーターとして役割を担いたいのかについて考える必要がある。また、集中化された"デザインラボ"にするか、種を蒔くようにデザイン思考家を組織全体に配備するかといった難題を解決していく必要がある。それぞれに長所と短所があって、組織の目標や規模、組織文化、イノベーション戦略などの要素がその選択を決定する。この選択をかわりやすい次元で表記したものが図7.1である。

　粗っぽく整理するなら、シンクタンク、専門家ハブ、独立支援者、現場ファシリテーターの4つのモデルとなる。ただ、デザイン思考プログラムのいくつかは多面的であり、その場合は1つのモデルだけではなく複数のモデルにあてはまる。

　ここに無敵の武器はないし、"完璧な"モデルもない。それぞれに長所と短所があり、それぞれが異なる状況で最も効果を発揮する。ラボの準備をする際には、自分の組織とデザイン思考の目標に最も効果を生み出すものを選択する必要がある。

シンクタンク：このモデルは、組織全体にわたる破壊的イノベーションプロジェクト、すなわち、新しい技術プラットフォームや新しいビジネスモデルのようなものに取り組む独立したラボで構成される。それによって独立した思考がもたらされることになる。十分な調査と思索に基づいて、完全に問題解決を行う。また、チームは社内の事業部門にイノベーションコンサルタントとして

第7章 どこからはじめるか：デザイン思考プログラムの構築

図7.1 デザイン思考プログラムのモデル

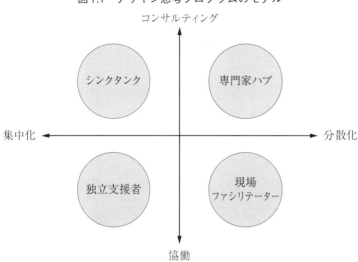

機能する場合もある（表現の好き嫌いはあるが、まるで特別狙撃隊SWAT部隊のようである）。

このモデルは、現状の運用方法を変えようとする破壊的イノベーションに最も適している。日々の業務に関与していないため、このチームは長期的かつ戦略的イノベーションに専念できる。また、組織を外部とつなぐことができるが、外部のコンサルタントとは違って、組織文化やシステム、アイディアの実現可能性について理解できている。ゆえに、デザイン思考の方法と技術に深い専門知識を組み込むことができる。

ただ、この独立性は、両刃の剣でもある。その大きなメリットは、そのチームが特異な思考を許容されるということである。しかし、これは組織から孤立してしまう危険性を伴う。そこにはジレンマが発生してしまう。プロジェクトを実施するためには、事業部門をイノベーション・プロセスに参加させる必要があるので、シンクタンクの独立性が弱まってしまうのである。

コミュニテックのカナディアンタイヤラボは、ほとんど独立したイノベーターとみなすことができるが、ここは現場の実践部隊に対して技術プラット

PART 3 組織のためのデザイン思考のリフレーミング

フォームを提供している。ただ、ラボと本社の間にある"大いなる溝"が、両者の緊密なコラボレーションを築くための障害となっていた。その一方、コミュニテック社のマニュライフラボでは、独立性を維持しながらも本社との程よい距離が保たれていた。

本来、破壊的プロジェクトは長期的になる傾向がある。この方向に進むことを選択した場合、トップからの継続的な支援が必要となる。あなたとあなたのトップは、これから長い冒険の旅が始まることを覚悟しなければいけない。このモデルにおいては、忍耐こそが美徳なのである。

専門家ハブ：専門家ハブモデルでは、デザイン思考家は組織内部の実践部門に組み込まれ、イノベーションの専門家として位置づけられている。イノベーションのための知識の源泉と強力に繋がっている。完成されたプログラムにアプローチできるし、セントラル・ラボとの繋がりもある。

彼らは事業部の中にいるので、漸進的イノベーションと組織文化の変化に焦点を当てることができる。事業部に組み込まれたデザイン思考家は、デザイン思考と外向きの大きな視点の両方の専門スキルを事業部に注入できる。特段、顧客やステークホルダーと事業部の共感を促進することが可能となる。デザイン思考プログラムによって、そのような組織文化ができれば、事業部の同質化を防げる。

しかし、デザイン思考家にとって、デザインベースの世界観と日々のビジネスを調和させることは難しい課題である。短期的におこる内部圧力は、戦略的イノベーションに勝る傾向があるので、組織内のイノベーターは日々のマネジメントの中に埋もれてしまう可能性がある。

このモデルの要素があったのはオーストラリア国税局とP&G社である。どちらの場合も、組織全体からデザイン思考家を集めて、デザイン・ハブを強力にサポートした。

専門家ハブモデルを実施する場合は、センターからの強力な支援が重要となる。ただ、実際にセントラル・ラボがあるかどうかは重要ではない。それよりも、明示的なプログラムに加えて、実践コミュニティ、すなわち、学びと経験

を共有するために頻繁に会えるコミュニティを作ることが重要なのである。また、自分の事業部門内に対して影響力を与えることができ、働き方を変えることにこだわった個人を選定し、他人におもねることのない考え方に対して、インセンティブと承認を与える必要がある。

独立支援者：このモデルにおけるデザイン思考家は、主たるファシリテーターである。すなわち、デザインアプローチを特定のプロジェクトに適用するために事業部門の要請のもとで動く。このモデルは、センターに集められたデザイン思考ユニット（すなわちラボ）で構成され、現場である事業部門のイノベーションを支援する役割を果たす。事業部門のチームがラボに来ることもあるし、現場で作業することがプロジェクトに適していれば、デザイン思考チームが出向くこともある。とにかく、事業部がプロジェクトを開始して、事業部自身が問題を解決する。

　このモデルに基づいて事業部が開始したプロジェクトは、漸進的であって期間限定になる傾向がある。デザイン思考家は実行段階まで関わることもあるが、多くはアイディア創出とその試行への関与にとどまる。それでも、プロジェクトは共同で進められているので、実行される可能性は高い。これらのプロジェクトの成功が広く伝わることで、時間の経過とともにボトムアップ的支援体制を作り上げることにつながっていく。

　マインドラボでは、はじめた頃は、このやり方ではシステムに十分なインパクトを与えられていないと考えてもいたのだが、後々、組織文化を大きく変えることになった。P&G社のクレイ・ストリートも、TELUS社のチームも同様にこのモデルからはじまっている。

　独立支援者モデルを選択した場合は、絶え間なくデザイン思考をすすめる準備が求められる。事業部と緊密に協力して、デザイン思考のアプローチを示すことができるプロジェクトをみつけていく。そうすれば、時間の経過とともにデザイン思考は浸透していくだろう。

現場ファシリテーター：現場ファシリテーターモデルにおいては、デザイン思考家は事業部に所属する一雇用者であって、組織内のイノベーションを促進す

PART 3 組織のためのデザイン思考のリフレーミング

るために訓練されている。プロのデザイナーではないが、デザイン思考については見聞きしており、それに対する情熱を持っているというのが典型である。

このモデルもまた、主に漸進的イノベーションとなる。このモデルにおけるデザイン思考家は、事業部内において特別強い関係を持っているので、事業部にデザイン思考を浸透させていくことができる。イノベーションは事業部門内で継続されていくため、プロジェクトに対する強い関与も続いていく。現場に近く、問題の発生と同時にその場で解決することができるため、プロジェクト実施においては良いところが多い。

しかし、現場ファシリテーターは事業部に同化されやすく、彼らの価値でもある独立した視点が失われやすい。日々の問題に飲み込まれてしまいがちで、根本的な問題意識を持てなくなってしまう。

いくつかのプログラムでは、このモデルを試しているが、成功例は限られている。さらに、いくつかは完全な失敗であった。少なくとも1つのケースでは、事業部におけるデザイン思考家は潰れてしまった。現場ファシリテーターの能力に大きく依存しているところはあるものの、P&G社はうまくいった。

この方向を選択した場合は、現場でうまくファシリテートしていく方法を習得することのできる優秀な人材を選抜し、訓練しなければならない。また、現場ファシリテーターへの継続的なサポートが必要となる。つまり、定期的にその現場に入り込んだり、専門家ハブモデルのように、相互学習の機会を提供することが求められる。

【ラボの人材をどうするか？】

セントラル・ラボがあると仮定した場合、そのラボを専門デザイナー、あるいはスキルの異なる人たちで構成するつもりか？　これは選択したモデルのタイプに依存するところもあるが、一般的に専門デザイナーだけでは十分とはいえない。

全てのデザイナーがデザイン思考家であるわけではないから、デザイン思考家であるためにデザイナーである必要もない。ただ、次のような人材は必要で

ある。

・事業部門の管理者が直面する問題を理解し共感できる人。
・組織のパワー関係と政策に敏感な人。
・デザイン思考の技術を身につけた人。デザインする必要性はないが、チームにデザイナーを巻き込んでいくためには有用なのである。
・デザイン思考を組織に教えることができる優れたコミュニケーター。
・会議をリードし、デザイン思考プロセスの間に適切な方法を導入できる優れたファシリテーター。

　私が見てきたラボには実に多様な人がいた。オーストラリア国税局では有能な人材に限りがあったため、内部スキル基盤を構築することと並行して、コンサルタントにも頼った。TELUS 社には、デザイナー、MBA、そしてデザイン思考を絶え間なく成功に導いてきたリーダーたちが混在していた。P&G 社のデザインプログラムに至っては、デザイナーではなく元会計士であったクラウディア・コッチカが主導したのである。
　第3章で触れたように、マインドラボはさらに面白いアプローチをとっている。官僚的組織のなかでは協調性を促進することが重要と考え、そのために"素敵"な人々を雇ったのである。インタビュー調査で遭遇したのだが、その協調性と開放性は衝撃的であった。デザインプロセスにおいては、協調性と開放性の品質は、とくに重要であると記したい。

【どこに立地させるのか、どのような施設にするのか？】

　セントラル・ラボを持っている場合、そこは"安全な空間"でなければならない。つまり、セントラル・ラボの正規のオフィスのなかに配置されるべきではなく、独立した立地を選択すべきだという意味である。しかし、遠すぎてはいけない。良いモデルとなるのは、P&G 社のクレイ・ストリートとマインドラボのスタジオである。これらのラボはすべて、分離された専用エリアにあっ

PART 3　組織のためのデザイン思考のリフレーミング

て、容易にアクセスできるのだが、かといって極端に容易にアクセスできるというわけでもない。

多くのラボはひそかに始動する。メイヨー・クリニックの取り組み（イニシアティブ）は廊下で始まったし、TELUS 社は、私が訪問したときには専用のラボを持っておらず、利用可能な会議室であればどこでも利用していた。遅かれ早かれ、ほとんどの場合、専用スペースをつくるための資金は見つかるものである。

第 6 章で見たように、空間はかなり簡素にできる。そこを“考える空間”とみなすのである。その空間が有すべき主な性質は、プライバシーと柔軟性である。プライバシーが保たれれば、その場所で複数日に渡るプロジェクト作業の資料を置きっ放しにできるし、そこに集中できる。そして自由な壁スペースやいくつかのシンプルな試作を行うスペースなどを確保できる柔軟性が備わっていることが重要である。とにかく、端から端まで、安全を感じるような空間でなければならない。P&G 社のクレイ・ストリートにおけるいわゆる“安全な緑のカーペット”やマインドラボのザ・マインドは、素晴らしく上品な空間ではあるが、そこが重要なことではない。

場所そのものは、プロジェクトの現場や事業部内でワークショップを実行していく意思や能力に比べるとそれほど重要ではないかもしれない。運営チームを集まりやすくしている事実は別として、（病院の診察室などのように）顧客に近いことは大抵の場合、利点となる。

【リーダーシップとガバナンスをどうするか？】

デザイン思考プログラムの成功に向けて重要となるのは 3 つの要素である。すなわち、トップからのサポート、事業部門と一緒に仕事をする能力、そして強いアドバイザリーボードである。

リーダーの役割でとても重要なのは、組織からトップレベルのサポートを得ること、プロジェクトのパイプライン（資金源）を維持すること、そしてチームを鼓舞することである。デザイン思考プログラムのリーダーは、トップマネ

ジメントを関与させ続ける必要がある。これは、プログラムを離陸させるために必要となる十分な助走力を得るためだけではなく、デザイン思考について経営陣を教育する機会を得ることを含んでいる。リーダーはまた、積極的にコラボレーションの機会を探し、コネクションをみつけるような問題発見者でもなければいけない。

　メイヨー・クリニックやマインドラボの一部のラボでは、上級管理職個人のサポートに頼るのではなく、実行途中で困難に直面した時にプログラムを導くことができるアドバイザリーボードを設置していた。コミュニテックのクレイグ・ヘイニーはそれをイノベーション評議会と呼んでいるが、アドバイザリーボードは組織内の有力な人材に加えて、イノベーションとデザイン思考の外部専門家で構成すべきである。このアプローチは、オーストラリア国税局やP&G社のように、組織内のデザイン思考に影響を与えるような、リーダーシップの変化で引き起される問題を小さくすることができる。

【組織との繋がり方と信頼の構築】

　これまで見てきたように、トップマネジメントのサポートは、デザイン思考プログラムを継続させるための保証にはならない。自らが組織との関係を管理する必要があるし、デザイン思考家と組織の距離から生じる緊張感には戦略的にアプローチする必要がある。

　組織文化または思考の変化を目標の1つとしているラボは、通常、従業員向けの定期的なワークショップを開催する。P&G社のように、ファシリテーターを訓練してブランドチームに戻すところもある。しかし、ワークショップでの経験だけで、全ての人がデザインファシリテーターになれるわけではない。ひとたび元の事業部門に戻ってしまえば、彼らをコントロールすることはできない。そこで、オーストラリア国税局が行ったのは、早朝の自由になる時間帯に定例会を開催してファシリテーターを支援することであった。

　おそらく、事業部門との関係を構築する最も効果的な方法は、プロジェクトワークを行うことである。直接関係するプロジェクトに対してデザインを適用

191

PART 3　組織のためのデザイン思考のリフレーミング

する方法を学べば、マネージャーはその価値に気づき始める。そのうちの何人かは継続して取り組み、プログラムにさらに関わるようになる。メイヨー・クリニック・イノベーションセンター（CFI）やその他いくつかの機関は、このような方法によって機能した。CFIはフェローーシップ制度も提供しており、医療イノベーションの理解を深めるために、スタッフは数ヶ月間もの時間を、イノベーションセンターで過ごすことができるのである。

　より幅広いイノベーションコミュニティに接触することも社内からの信頼感を高めるのに役立つ。マインドラボとCFIには、実践的研究プログラムが用意されている。そのプログラムは、ラボのスタッフが学会などに出向いて話をすることを許可するもので、ラボ内部のスタッフ・プロファイルの構築に役立っている。CFIの年次**トランスフォーム**会議は、医療イノベーションの主要イベントであり、間違いなく組織のスタッフ・プロファイルを向上させている。

　組織文化の変化よりも破壊的イノベーションを意識したいくつかのプログラムは、組織内部の信頼を高める努力をしていなかった。内部のコミュニティよりも外部のコミュニティに焦点を当てていたのである。しかし、これらのラボでさえ、漸進的にいくつかのプロジェクトを実行しなければいけないと認識していた。そこで、組織を覚醒させることが求められたわけであるが、漸進的イノベーションにおいては、過度の要求をすることになるので、破壊的イノベーションの実行にあたって生じる緊張感を高めることにもなった。

【プロジェクトの選択】

　通常、デザインプログラムは物語とともに開始される。そして最初の任務は物語を作ることになる。小さな成功を成し遂げることから始めていくのが良い。つまり、プロジェクトに簡単なリフレームを組み込むことや顧客視点を導入するなどである。それらは、既に頭の中にある思考へと変換できる、誰でも考えているかもしれないけれど、誰も実行していない簡単な解決策へと導くことができる。このような小さな成功物語によって信頼は構築されていくのである。

第７章　どこからはじめるか：デザイン思考プログラムの構築

デザイン思考の物語には、そのような逸話が溢れている。第１章のシドニーのデザイニング・アウト・クライムの物語は、その中の一つである。キングスクロス問題を顧客の視点から見直すことにより、悪さを働く機会としてではなく祭典として捉えることで、シドニー工科大学とシドニー市、そしてプロジェクトチームは、創造的かつこれまでになかった反応を得ることができたのである。同様の文脈の中では、英国のデザイン協議会が患者と医療従事者との関係が深く切断されているような忙しい診療所において、糖尿病ケアの改善に取り組んだ。具体的には、患者自身の言葉を使って、会話を管理するための指示カードシステムを開発したのである[4]。

組織には、簡単な視点の提示で劇的な結果が生まれたり、あなたの評判を高めるような物語が生まれる状況で満ち満ちている。

初期段階の物語の構築を超え、さらに取り組むべきプロジェクトであるか、そうではないかを決めるためには３つの緊張を意識しておくことが重要である。考えておかなければならない質問がいくつかある。

・他の人はこれまで問題に取り組んで解決できなかったのか？（これはよいことである！）
・組織内で広く知られているような問題か？それはいくつかの分野に影響を与えるようなものか？
・テクノロジー、プロセス、協働プラットフォームなど、将来のイノベーションのためのプラットフォームを構築できる潜在性はあるのか？
・実行部隊は開発プロセスに自由に携われるのか（情報提供されているだけでなく）？
・規模システムの中における一つ以上の戦略的なレバレッジポイントに取り組んでいるか？

チャンスがあれば、あなたの仕事を組織の知るところとするべきである。できるなら、組織だけではなく、より広い世界に向けて知らせるべきである。そ

の点、マインドラボ（http://mind-lab.dk/en/）とデザイニング・アウト・ク
ライム（http://designingoutcrime.com/our-work/）のウェブサイトは、どの
ように自分たちの仕事を見せるのかを示した素晴らしい例である。これを見れ
ば、ケーススタディや彼らのアプローチの議論の詳細を通した仕事内容がわか
る。

選択、パラドックス、緊張

　最近、イーストバンクーバーの共有ワークスペースの狭い場所で、家族や高
齢者、そして障がい者のために "社会的安全ネットをトランポリンに変える"
ことに尽力しているインウィズフォワードという "社会的研究開発" グループ
を知った。後々、ブリティッシュコロンビア州に第5スペースと呼ばれるデザ
イン思考ラボを作るための2年間の助成を受けていた。彼らは、その助成期間
が終わるまでに、助成機関や州政府からコアとなる基金をなんとか獲得したい
と切望していた。

　このグループは、今後の挑戦については決して甘くは見ていなかったが、プ
ロジェクトは確実に進んでいくはずだと確信していた。そこで、私は自分の研
究の結果をグループと共有することにした。チームの1人がフリップチャート
にマトリックスを描き、我々はそれをポストイットで埋めた。ベストプラク
ティスや利用可能な様々なモデル、成功するために必要なものについて考え
た。楽観や希望もあったが、現実的に物事をみることもできていた。組織のデ
ザイン思考への旅が幕を閉じようとしていたが、その一方で、このような、よ
ちよち歩きのプログラムが誕生する場面に立ち会うことは魅力的なことであっ
た。それによって、デザイン思考家が直面している選択肢、パラドックス、そ
して緊張に自分を投じることができたのである。

　デザイン思考の時代が来ている。今や、それを採用している企業の数は非常
に多いと判断できる。それによって、官公庁、民間企業、産業、専門分野を問
わず、マネージャーの想像力が引き出されている。

しかし、それは平坦な道ではないから、その挑戦を甘くみてはいけない。進めるにはトップの支援や強力なリーダーシップ、そして深い理解が必要である。忍耐と一貫したサポートが必要なのである。また、その結果を測定するのは容易ではない。デザイン思考プログラムが直面するのは、デザイン思考家と組織の距離から生じる緊張感、破壊的イノベーションの実行にあたって生じる緊張感、視野の違いによって生じる緊張感といった問題である。

このように、ありとあらゆる障害があるのにも、それを進めることに価値があるのか？もちろんだ。

デザイン思考は、他のアプローチが見落としているような視点を新たにもたらすことができる。それによって影響を受ける人たち、すなわち顧客や市民といったステークホルダーの視点を獲得することで、共感を育むことができる。誰もが参加できるため、組織全体を横断する協働の媒体になれるのである。

彼らとのミーテイングを終えて出てくると、大雨と大変な強風であった。センズの傘を自宅に忘れてきたため、大変な目にあうことになった。そのとき私は考えた。デザイン思考は、今や広く採用されているが、ただ、それはまだ洪水のようなものではない。頻繁に降るにわか雨のようなものだ、と。私は、これから、もっともっとデザイン思考が広がっていくと予想している。

【注】

1　Jennifer Rheingold, "The Interpreter," Fast Company, 2005. https://www.fastcompany.com/53060/interpreter.Retrieved 27 February 2017.

2　"SPARC Innovation Program," Wikipedia, last modified 26 February 2017, http://en.wikipedia.org/wiki/SPARC_Innovation_Program; *Mayo Clinic – Evolution of SPARC*, 30 November 2010, YouTube video, http://www.youtube.com/watch?v=6ZPwLie6K-4,retrieved 27 February 2017.

3　Famously attributed to Danish philosopher Soren Kierkegaard in *Journalen* JJ:167(1843), *Soren Kierkegaards Skrifter*, Soren Kierkegaard Research Center, Copenhagen, 1997, 18, 306. http://homepage.divms.uiowa.edu/~jorgen/kierkegaardquotesource.html.Retrieved 27 February 2017.

4　Colin Burns and Jennie Windhall, *RED Health Report: Design Notes 01: The Diabetes Agenda* (London, UK: Design Council, 2006), 25.

訳者あとがき　本書との出会い

　本書の翻訳者の1人である私、菊池は明治大学から在外研究の許可をもらい、2014年度にカナダのブリティッシュコロンビア州のビクトリア大学に滞在していた。滞在期間中、ビクトリア大学の教員と教育、研究上で交流をもつことができた。そこで御世話になったヘザー・ランソン准教授の紹介で知り合った1人がデヴィッド・ダン教授であった。彼は同大学で「サービス・マーケティング」の講義科目を担当しており、彼の講義を聴講していた際には、カスタマージャーニーや共感などのサービスデザインに関わる考え方が頻繁に出ていたことが印象的であった。それと同時に、講義中ではコンサルティングの話やデザイン研究者へのインタビューなどの話をするといった実務的な視点を有する教員であるという印象も持った。ここでデヴィッド・ダン教授の経歴を紹介しておく。

〈教歴〉

ビクトリア大学教授　2014年－現在

サイモン・フレイザー大学シニアフェロー・特任教授　2012年－2014年

トロント大学ロットマン・ティーチング・エフェクティブ・センター　コ・ディレクター　2000年－2012年

クィーンズ大学ビジネススクール　マーケティング講師　1995－1998年

〈職歴〉

Customer Focused Marketing Ltd. 社長　1988年－現在に至る

マーケティング・マネージャー　Chesebrough Pond's Inc.　1986年－1988年

マーケティング・マネージャー　Lever Bros Ltd. 1984年－1986年

新製品マネージャー、ブランド・マネージャー、Thomas J. Lipton Inc. 1979年－1984年

訳者あとがき　本書との出会い

法人営業マネージャー、Young ＆ Rubicam Inc.（イギリス）、1977 年 – 1979
年

ブランド・マネージャー、Lever Bros Ltd.（イギリス）、1974 年 – 1977 年

　このようにダン教授はコンサルティング会社を経営する傍ら、大学で教鞭を
とっている。彼のキャリアは、数多くのマーケティングの実務経験と教育経験
をバックボーンとしていることが分かる。そこで培われた彼のビジネス経験や
デザインの研究を行っていたことは本書の様々な個所や事例にも反映されてい
る。

　その後、毎年のように 9 月にビクトリア大学を訪問し、ダン教授と会い、意
見交換をする中で、その当時、執筆中の本について話を彼から聞かされた。そ
れが本訳書の原書、"Design Thinking at Work" である。会話の中で私は本の
内容はサービスデザインなのかと聞いたところ、ダン教授からの答えは、それ
はボトムアップ的なアプローチであって、顧客視点の企業経営を実現するため
にはそれだけでは実現が不十分であるという。つまり、トップマネジメントや
組織の在り方そのものを変革しなければならないという話を力説していた。さ
らに詳しく彼の本の構想を聞いてみると、市場や顧客を対象にするマーケティ
ング論の教員でありながらもその内容は組織変革を扱っていた。その変革のカ
ギを握っているのがデザイン思考を実践するデザイン思考家であり、デザイン
思考を通じて組織変革が駆動されるのである。しかしながら、デザイン思考を
組織に導入すれば、イノベーションが推進されるのかというと話はそう簡単で
はない。組織にはこれまでの慣行があり、変革への抵抗が存在する。変革を行
う場合には、彼のいうテンション（緊張感）が生じることになる。組織変革を
遂行するにあたり、組織内の緊張感を理解し、リフレーミングすることがデザ
イン思考家に求められるのである。

　また本書を構成するにあたり、中核となるダン教授の研究業績の一部を下記
に紹介する。

"Implementing Design Thinking in Organizations: An Exploratory Study".

Journal of Organizational Design December 2018. https://jorgdesign.springero pen.com/articles/10.1186/s41469018-0040-7

"Disciplina: a missing link for cross disciplinary integration", with F. Smulders, *Analysing Design Thinking: Studies of Cross-Cultural Co-Creation.* Editors: Bo T. Christensen, Linden J. Ball and Kim Halskov. London, UK: CRC Press (Taylor & Francis), 2017.

"User Centred Design and Design Centred Business Schools," *Handbook of Design Management.* Editor: Sabine Junginger. Oxford: Berg Publishers, 2011.

本書のポイント　3つの緊張感

　さて既述のように、本書を読み解いていく際にポイントになるキーワードがある。それは3つの緊張感である。それらは、①デザイン思考家と組織の距離から生じる緊張感、②破壊的イノベーションの実行にあたって生じる緊張感、そして③視野の違いによって生じる緊張感である。各々について、翻訳の最中に私がe-mailにてダン教授から直接問い合わせた回答が以下のようになる。

①デザイン思考家と組織の距離から生じる緊張感
デザインによる主導ないしイニシアティブが、組織の内部に存在すること、そこから独立すること、の両方において遭遇する困難を示している。組織に受け入れられ、アイディアが実行されるためには、デザイン思考家は、価値観、仕事の習慣、服装のコードにおいて、他の同僚達のそれと一致していると見做される必要がある。十分に一致しないようであれば、それらは真剣に受け取られないだろう。しかしながら、デザイン思考家が組織にもたらす価値はユニークな視野から問題を考察する能力に大きく依存するため、あまりに一致しすぎてしまうと、オリジナルなアイディアを思いつかなくなってしまう。デザイン思考家は組織文化の受容と阻害の境界にいる。

②破壊的イノベーションの実行にあたって生じる緊張感

デザインを基礎にしたイノベーション計画は、破壊的イノベーションを求めて立てられることが多い。破壊的イノベーションを実行するにあたって生じる緊張感は、「既存」の組織の中から「破壊」的なアイディアを生み出すという大きな飛躍を阻む壁でもある。破壊的イノベーションを目指すデザイン・イニシアティブが組織の中で正当性を確立するためには、最初に、サービス経験や製品のマイナーな改善・改良といった漸進的なイノベーションに焦点を置くことが普通である。組織は適切には理解していないことが多いが、このことは既存のユーザー経験に焦点を置くことから、相対的に達成しやすい。しかし、こうした漸進的イノベーションの計画は、業界を再定義してしまうような破壊的イノベーションから時間と労力を奪ってしまう。

③視野の違いによって生じる緊張感

デザイナーは、ユーザーの生きた経験を理解するために、ペルソナ、共感マップ、ジャーニーといった個々のユーザーの経験に主に焦点を置く。しかし、多くのイノベーションはより幅広い見方を求める。ユーザー経験だけに焦点を置くことは、システム内の「突くべきつぼ」（キープレッシャーポイント）を識別するのには不適切である。さらに、ユーザー中心型イノベーションの成功裏の実施にはシステムの他の部分との協働が求められる。視野の相違によって生じる緊張感は、ユーザーとシステムの両方のレベルを同時に考察する際にデザイン思考家が直面しがちな困難さを意味する。

　本訳書はイノベーションという困難な事業に挑むビジネスマンやデザイナー、公務員などの方が対象になるといえる。それと同様に、デザイン思考に関心のある研究者やビジネスマンにとっても興味深いものになるだろう。本訳書によってデザイン思考の重要性とその適用可能性の幅広さが理解されたのであれば、翻訳者として非常にうれしく思う。

　本書の原本は 2018 年 11 月にトロント大学出版から刊行された。出版後、わ

訳者あとがき　本書との出会い

れわれは翻訳にすぐに取り掛かり、訳出が出来上がってからは、われわれ翻訳者が基本的に毎週1回、同友館ないし明治大学に集まり、編集者の佐藤文彦氏とともに翻訳の読み合わせと検討を行った。ここでの多くの議論を通じて、翻訳としての統一性を確保できたと考えられる。またダン教授にも e-mail やスカイプを通じて不明な箇所についての確認を行った。ただし、訳出上の細心の注意を払ったともいえるが、思わぬ翻訳の誤りなどもありうると考えている。こうした点は読者からの批判を真摯に受けとめたい。

　最後に、本訳書を刊行するにあたり、同友館の佐藤氏には非常に多くのご助言とサポートを得た。佐藤氏の献身的な努力と同友館の深い理解がなければ、本訳書は日の目を見ることはなかったであろう。心から感謝したい。

翻訳者を代表して
2019 年 8 月 21 日
菊池一夫

索　　引

あ　行

IDEO　　10, 46, 85, 116, 117, 138, 163, 174
IBM 社　　19
アウトサイドイン　　53, 124
「アウトサイドイン」の視点　　122
アクティベーター　　166
アブダクション　　24
アリーナ ヘルス　　42
アルバータコラボ社　　42, 141
安全なスペース　　158
安全な緑のカーペット　　190
イノベーション触媒　　78
インウィズフォワード　　194
インサイドアウト　　54
「インサイドアウト」の視点　　122
ウーバー化　　94, 95
エアカバー　　60, 76
エクスペリメント（Experiment）　　67
エコシステム　　71
エスノグラフィー調査　　20
演繹的推論　　24
エンゲージメント　　84
大いなる溝　　77, 185
オーストラリア国税局（ATO）　　42, 44, 53,
　　60, 80, 81, 101, 124, 129, 141, 171, 181

か　行

会計検査院（GAO）　　29, 108
カスタマージャーニー　　51, 121
カナディアンタイヤ社　　42, 76, 113, 134, 165,
　　181
考える空間　　190
技術プラットフォーム　　165, 184, 185

帰納的推論　　24
境界オブジェクト　　16
競争上の優位性　　39
協働（コラボレーション）　　181, 183, 186
協働的プラットフォーム　　112, 114, 167
距離感　　68
緊張感　　41, 62, 68, 97
緊張　　104, 107
草の根ムーブメント　　138
クリエイティブ・ディファレンス　　133
クレイ・ストリート　　187, 189
研究所（デザインラボ）　　184
現場ファシリテーター　　184, 187, 188
コミュニテック社　　42, 70, 76, 89, 166, 183,
　　185, 186, 191
コンテキスト（事情や背景）　　18, 20

さ　行

再考　　40
ザ・マインド　　51, 190
参加型デザイン　　21
GE 社　　169
システム思考　　174
システム理論　　142
実践コミュニティ　　159, 168, 183
視野の違いによって生じる緊張感　　30, 43,
　　123, 126, 131, 133, 138, 199
焦点のシフト　　40
ストーリーテリング（ストーリーテラー）
　　179
スペース内のスペース　　159
戦術的（実践的）意思決定　　184
漸進的　　61

203

索 引

漸進的イノベーション　98, 108, 180, 182,
　186, 188, 192
センズ傘　3
センターラボ　186, 188, 189
専門家ハブ　184, 186
戦略的意思決定　180
創造的なリフレーミング　23
即応性　57
組織内政治　103

た 行

チェックボックス（チェックリスト）　139
抽象的なステークホルダー　176
デア・トゥ・トライ・プログラム　83, 139,
　140, 141
デザイナー　38
デザイニング・アウト・クライム　192, 193
デザイン思考　5, 10, 38, 41, 53, 62, 79, 101,
　102, 106, 111, 131, 140, 143, 144, 154, 155,
　176, 179, 184, 186, 188, 189, 191, 194, 195
デザイン思考アプローチ　145
デザイン思考家　62, 110, 111, 114, 168, 177,
　179, 183, 186, 187, 188, 194, 195
デザイン思考家と組織の距離から生じる緊張感
　30, 43, 68, 73, 77, 84, 90, 199
デザイン思考プログラム　131
デザイン思考分散型モデル　134
デザイン・プログラム　122
デザインワークス　87
テスラ社　22
TU デルフト（デルフト工科大学）　130
TELUS（カナダテレコム）社　42, 71, 80,
　82, 103, 105, 106, 164, 181, 189
デリバリーシステム　169
「伝統的な」デザイン・スキル　136
デンマーク政府　28, 50, 60
独立支援者　184, 187

ドシェ・クリエイティブ社　42
トムソンロイター社　42, 117
トランスフォーム会議　183, 192

な 行

二刀流の組織　104

は 行

破壊的イノベーション　97, 108, 180, 181,
　185, 192, 195
破壊的イノベーションの実行　97, 104, 107
破壊的イノベーションの実行にあたって生じる
　緊張感　30, 43, 104, 107, 112, 114, 199
パフォーマンス　182
「ハンドオフ」アプローチ　134
P&G 社　20, 42, 44, 46, 56, 60, 80, 82, 88,
　114, 131, 141, 160, 161, 171, 181
非主流の企業文化　79
ファイザー社　42, 74, 83, 105, 106, 118, 132,
　139, 141, 179
ファシリテーター　48, 184, 187, 191
物理的なセンター　82
ブラックボックス　162
ブリジブル社　42
ブリティッシュコロンビア大学　42
プロセス　10
プロトタイピング　15, 162
分散型モデル　81

ま 行

マインドセット　31, 59, 157, 161, 162, 163,
　181, 183
マインドラボ　28, 42, 50, 57, 181, 183, 187,
　189, 190, 191, 192, 193
マッキンゼー　108
マトリックス組織　127
マニュライフ　42, 76, 109, 132

索　引

3つの緊張感　59
3つの地平線　108, 109, 110
帰無仮説　68
メイヨー・クリニック　44, 56, 60, 99, 159, 181, 183
メイヨー・クリニック・イノベーションセンター（CFI）　48, 71, 77, 89, 98, 102, 171, 179, 192
問題のある領域　25

や　行

やっかいな問題　26, 75, 126, 143
ユーザー経験　21
ユーザーに集中したデザイン　131
ユーザーペルソナ　149
ユニリーバ社　165

ら　行

リーダーシップ　138
リーン実験　140
リフレーミング　38, 44, 112, 114, 118
リフレーム　30, 192
リフレクティブ（省察的）　11
レバレッジポイント　173
連結と発展　46
連邦政府人事管理局（OPM）　28
ロットマン・スクール・オブ・マネジメント　27, 42, 79

205

原著者・訳者紹介

【原著者紹介】

デヴィッド・ダン（David Dunne）

　ビクトリア大学ピーター・B・グスタフズン・ビジネス学部教授兼 Customer Focused Marketing Ltd. 社長

　これまでトロント大学ロットマン・ティーチング・エフェクティブセンター　コ・ディレクター、サイモン・フレイザー大学シニアフェローとして教鞭をとる。論文は David Dunne and Chjakravarthi Narasimhan, The New Appeal of Private Labels, *Harvard Business Review*, May-June 1999 ほか、デザイン思考に関する論文多数。

【訳者紹介】

菊池一夫（きくち かずお）……………日本語版への序文・謝辞・第1章担当

　明治大学商学部教授　　専門分野：小売マーケティング

町田一兵（まちだ いっぺい）…………第2章、第3章担当

　明治大学商学部准教授　　専門分野：交通・物流

成田景堯（なりた かげたか）…………第4章担当

　松山大学経営学部准教授　　専門分野：小売マーケティング

庄司真人（しょうじ まさと）…………第5章担当

　高千穂大学商学部教授　　専門分野：マーケティング戦略

大下　剛（おおした たけし）…………第6章担当

　明治大学商学部助手、ヤマトロジスティクス株式会社人事戦略担当、ヤマトグループ総合研究所客員研究員　　専門分野：流通・ロジスティクス

酒井　理（さかい おさむ）……………第7章担当

　法政大学キャリアデザイン学部教授　　専門分野：サービス・マーケティング

2019 年 11 月 30 日　第 1 刷発行

デザイン思考の実践
　―イノベーションのトリガー、それを阻む 3 つの"緊張感"―

　　　　　　　　　　ⓒ著　者　David Dunne
　　　　　　　　　　　訳　者　菊　池　一　夫
　　　　　　　　　　　　　　　町　田　一　兵
　　　　　　　　　　　　　　　成　田　景　堯
　　　　　　　　　　　　　　　庄　司　真　人
　　　　　　　　　　　　　　　大　下　　　剛
　　　　　　　　　　　　　　　酒　井　　　理
　　　　　　　　　　　発行者　脇　坂　康　弘

　　　　　　　　　　〒113-0033　東京都文京区本郷3-38-1
発行所　株式会社 同友館　　　　　　　TEL. 03（3813）3966
　　　　　　　　　　　　　　FAX. 03（3818）2774
　　　　　　　　　　URL　https://www.doyukan.co.jp/

乱丁・落丁はお取替えいたします。　　　　　三美印刷／松村製本所
ISBN 978-4-496-05455-6　　　　　　　　　Printed in Japan